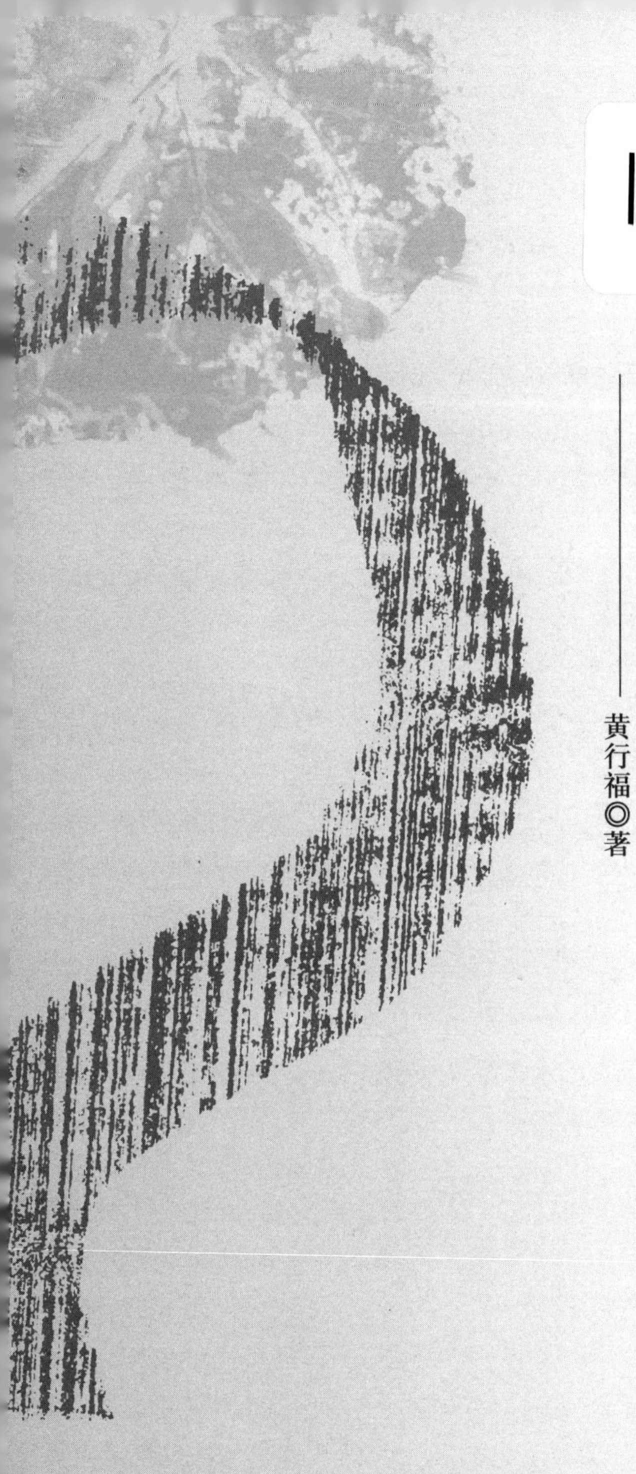

大夏书系·有效德育

这样教育学生才有效

学校德育难题的破解策略

黄行福◎著

华东师范大学出版社
ECNUP
全国百佳图书出版单位

图书在版编目（CIP）数据

这样教育学生才有效：学校德育难题的破解策略 / 黄行福著 . —上海：华东师范大学出版社，2018

ISBN 978 - 7 - 5675 - 7840 - 1

Ⅰ.①这 ... Ⅱ.①黄 ... Ⅲ.①德育工作—研究 Ⅳ.① G41

中国版本图书馆 CIP 数据核字（2018）第 113671 号

大夏书系 · 有效德育

这样教育学生才有效

——学校德育难题的破解策略

著　　者　黄行福
责任编辑　卢风保
封面设计　淡晓库

出版发行　华东师范大学出版社
社　　址　上海市中山北路 3663 号　邮编　200062
网　　址　www.ecnupress.com.cn
电　　话　021 - 60821666　行政传真　021 - 62572105
客服电话　021 - 62865537
邮购电话　021 - 62869887　地址　上海市中山北路 3663 号华东师范大学校内先锋路口
网　　店　http：//hdsdcbs.tmall.com

印 刷 者　北京季蜂印刷有限公司
开　　本　700 × 1000　16 开
插　　页　1
印　　张　14
字　　数　208 千字
版　　次　2018 年 11 月第一版
印　　次　2018 年 11 月第一次
印　　数　6 100
书　　号　ISBN 978 - 7 - 5675 - 7840 - 1/G · 11185
定　　价　39.80 元

出 版 人　王　焰

目录 Contents

第一辑　学生行为棘手问题的诊断与应对

第二辑　学生心理棘手问题的诊断与应对

第一辑

学生行为棘手问题的诊断与应对

行为习惯是学生在学习和生活中所体现出来的行为状态及特征。它是一个人的心理及精神状态的具体体现，直接影响着学生良好品德的形成。

老师和家长都十分关注孩子的行为，但在很多情况下，面对学生的一些不良行为，却往往束手无策，不知如何是好。本辑列举了一些常见的学生不良行为，对其进行诊断并提供破解策略。

学生自由散漫，怎么办？

学生自由散漫，目无纪律，是缺乏自制力的表现。学生自制力差与自制力强，在学校的表现是迥然有别的，对他们成长的影响也是迥然相异的。因此，培养学生的自制力，是消除学生身上自由散漫的坏习惯非常有效的措施。

德育难题

自由散漫指不受纪律约束，无视学校、班级纪律的存在，我行我素。

在我所教过的学生中，小曹算是让我印象深刻的。他最突出的特点就是自由散漫。他学习成绩一般，上课迟到是家常便饭。有时候，甚至上课迟到半小时。学习态度一般，作业想做就做，不想做就不做，想交就交，不想交就不交。上课说话那就更不用说，也是他的强项。与班上同学的关系也一般，与同学之间常常有点小矛盾，吵吵架，偶尔也有一些拳脚相加。学习中，稍微遇到一点难题就放弃。老师所布置的作业，容易的，马马虎虎应付，稍微难一点的，就空在那里。父母亲着急，老师头疼。

这样的学生，几乎每个班级都能找到三五个。

这三五个学生，人数虽然不多，但老师百分之八十的工作精力几乎花在他们身上。大错不犯，小错天天有。班上所发生的事情，百分之八十都与他们有关。所以，在一些班主任那里，只要班上发生了什么事情，基本上都可以断定是谁做的。一个班级，只要把这几个人管好了，班级基本就没事了。

做好这一部分学生的工作，就成了班级德育工作的重点。

问题诊断

有一只红狐狸，为了捕获野鸭子，可以在冰天雪地的沼泽地连续潜伏好多天。它顽强，有耐心。当野鸭子游走了，红狐狸就用舌头舔一下嘴唇，又退回原处等候着。为了填饱肚子，红狐狸竟然可以往返几十次，连续三十多天，直到野鸭子一时疏忽，被它逮住为止。为了达到目的，红狐狸可以长时间地忍受，耐得住寂寞，抵御各种诱惑。

红狐狸能够达到目的的秘密就在于能够控制住自己，能够不为一时的自由而放弃目的，严格约束自己的言行。

自由散漫，就是因为控制不了自己的言行导致的。

新加坡国立大学的一个研究小组以 1158 名大学生为对象，进行了一个著名的“糖果实验”，让被试者作出选择：想第二天得到 100 美元，还是忍耐一个月后得到更多的钱？再等一个月将会得到 101 美元，再多等一个月将会得到 104 美元，以此类推，最后可以得到 128 美元。

实验表明，忍耐时间越长，忍耐力越差；忍耐力越强的人染色体端粒的长度越长。忍耐力也就是控制力。学生自由散漫，就是因为自我自制力比较差。

自制力差的人，大多数情况下，都是为了满足自身的低层次欲望。马斯洛需求层次理论认为，人类需求像阶梯一样从低到高分为五个层次：生理需求、安全需求、社交需求、尊重需求和自我实现需求。如果我们注意观察，就可以发现，学生们那些自由散漫的行为，大多都与低层次需求的满足有关。例如上课喜欢吃零食，就是为了满足自己的口腹之欲，而在不该吃东西的时候随意吃。

个别学生身上坏毛病多，原因当然复杂，但家庭有着不可推卸的责任。一些家长在教育子女时，存在着很多问题。

（1）不管。孩子小时候，家长因为过度宠爱，基本上不管束，任由他们胡来，孩子做什么都不管，在家里无法无天，为所欲为。有时对家长不满意，家长批评几句就挥起小拳头打家长。此时，家长看着竟然高兴，认为树大自然直，等他们长大了自然会懂。这样，孩子慢慢就养成了自由散漫不受约束的习惯。很多孩子身上的坏毛病都与此有关。

（2）无暇管。有的家长，工作或者事务繁忙，无暇顾及孩子。尤其是一些经商的家长，他们工作起来常常没日没夜，等到他们忙完了手中的工作，可能已经三更半夜了，孩子早就休息了。第二天，天可能还没亮，他们就出去了。孩子在家，靠的就是自觉。而实际上，成长中的孩子，哪有那么自觉。于是，孩子想吃什么就吃什么，想玩什么就玩什么，无所顾忌。有的家庭失和也导致家长各顾各，无暇管孩子，也无心思去管孩子。久而久之，孩子自由散漫就成了习惯。

（3）不忍心管。一些留守孩子就是在这样的情况下生长起来的。特别是在农村，外出打工的父母亲，把孩子交给了爷爷奶奶或外公外婆，孩子与老人生活在一起。有的老人，年龄较大，事务较多，精力不济，根本管不了孩子。但更多的是不忍心管孩子。老人本来就疼爱孩子，舍不得管孩子，舍不得打，舍不得骂，任由孩子自由散漫，即便是孩子犯了错误，老人们也不指出，不批评，不追究。孩子的是非观念、界限就模糊了。由着性子来，就成了很多孩子的习惯。还有一些单亲家庭，家长总觉得自己在亲情上亏欠孩子，也不忍心管孩子。

破解策略

14 世纪时，有个贵族叫罗纳德三世，是祖传封地的正统公爵。弟弟反对他，把他推翻了。弟弟并不想杀死他，便想了个办法：把他关进牢房后，派人把牢房的门改得比以前窄一些。而罗纳德三世身高体胖，出不了牢门。弟弟放话，只要罗纳德三世能减肥并自己走出牢门，就可以获得自由，还能恢复爵位。可惜的是，这位罗纳德三世缺乏应有的自制力，无法抵挡弟弟每天派人送来的美食的诱惑，结果不但没有减肥，反而更胖了。

而培养学生的自制力、自我教育能力、自我纠正行为偏差的能力，是学校教育的至高境界。在培养学生自制力方面，有的教师积累了丰富的经验，而且行之有效。

1. 培养学生的自我教育能力

自我教育能力是学生一种非常重要的能力。目前，在以应试为主导的学校教育中，培养学生的考试能力代替了一切，自我教育能力的培养被严重忽视了。一些学生身上毛病多，就是与缺乏自我教育能力有关。那怎么培养学生的自我教育能力呢？

（1）帮助学生制定恰当的目标。这很重要。所谓恰当的目标，指的是学生经过自己的努力可以达到的目标。

（2）班干部负责与学生督促相结合。班集体是学生很重要的成长环境，班干部是重要的领导与推动力量。充分发挥好班干部的作用，对学生自我教育能力的培养，有着不可低估的作用。班主任要千方百计激发班干部的责任感，使他们对全班学生一天的学习、生活、文体、常规等情况进行管理，指出不良习惯，做好记录，必要时进行协调处理，使全班学生养成良好习惯。

（3）及时强化。学习的行为，班主任一定要按规范严格要求，让学生经常对照规范，学会自我监督。在此过程中，对学生的良好表现，班主任要及时给予强化，加深印象。老师在平时的训练当中，要勤于观察，善于观察，善于发现问题，抓好两头，帮助中间，树好榜样。要重点帮助那些习惯比较差的学生改正，要求学生时时处处自我监督言行，慢慢养成好的习惯。

（4）学会反思。引导学生学会反思自己，每天晚上睡觉前，反思一下自己的言行：一天的学习、生活等各类活动中，有哪些做得好，哪些没做好，原因是什么，还可以怎样改进。学生如果能够长期坚持自我监督与反思，自我导向的能力就可以形成，并得到不断提高。这是很多成功人士的成功经验。

2. 提高学生的自我控制能力

一些学生之所以自由散漫，一个重要原因就是不懂得怎样进行自我监控。教师要引导学生学会自我观察，自我监控。

一开始，学生可能会存在一些困难，但经过一段时间的训练，慢慢能学会自我监控。一个学生，如果学会了自我监控，在很多方面会获得巨大的进步。

3. 培养学生的自我评价能力

自我评价是指学生依据一定的评价标准，对自己的学习或行为作出分析和判断，并对自身的学习或行为进行自我调节的活动。需要指出的是，自我评价并不是随意、任意地进行评价，而是依照一定的标准进行。自我评价实质上是学生主体对自己意识和行为的反思与调控。

自我评价具有自我诊断、自我反馈和自我激励功能。学生通过自我评价，可以发现自己在哪些方面有了长进，哪些方面还在原地踏步，还有待改进。可以根据评价结果，进行自我调整，自我改进，并不断矫正目标，向着更理想的目标迈进。与此同时，评价的结果对自己有着激励作用，不断激励自己前行。

教师要引导学生对自己的行动进行对照、鉴别，对自己一天的行为进行总结；引导学生全面剖析自我、客观公正地评价自我，找出值得肯定、发扬的，需要改进的，在自我认识、自我比较、自我反省中提高自我评价能力。

学生语言不文明，怎么办？

俗话说：“良言一句三冬暖，恶语伤人六月寒。”文明美好的语言能够让人如沐春风，温暖人心。

语言是人素质的体现。一个人素质高还是低，语言上可以体现出来。学生是正在接受教育的一代人，语言是重要的教育内容之一。

眼下，部分学生的言语文明状况堪忧。

德育难题

眼下，学生说话不文明的现象比较普遍。一些学生喜欢说不文明的话，脏话连篇，出口成脏。有的学生还因为爱说脏话引起冲突，甚至大打出手。

学生的不文明语言，有不同的表现，脏话只是其中的一种。学生不文明用语主要表现在以下五个方面：

（1）给别人起侮辱性绰号，有意侮辱别人。如称同学为“母猪”。

（2）有目的地故意辱骂他人，伤害他人。

（3）不礼貌地称呼老师和同学。如某同学脸比较长，就叫“马脸”。

（4）模仿一些网络垃圾用语，不习惯用普通话。例如，“你从火星来的啊”（形容人智商有问题）、“偶稀饭你”（我喜欢你的谐音）、“我勒个去”、“你妹”、“ 坑爹”等网络词语。

（5）习惯性说话带脏字。如“妈个 ×”。

问题的严重性还在于，一些学生甚至是一些女学生，把说不文明语言作为自己随大流的标志。学生中，有的人把会说不文明语言作为“酷”的体现。谁不会说不文明语言，就会被视为“老土”，使用不文明语言成为骄傲的资本，成为能够跟上时代的标志。一些网络语言，在一些学生眼里，看上去很美，于是在短时间内，他们就急速学会了。一些小学生、初中生，满口网络语言，甚至是不文明的语言，让父母亲和老师头痛不已。

还有一种不文明语言现象——“脏话衫”。尤其是在暑假，有的学生脱下了校服，穿上了“脏话衫”，他们觉得自己很帅，很酷。有的学生认为，脏话说出来不讨好，但穿在身上会很酷。一些商家把充满色情、暴力的单词印在T恤的醒目位置上，这种“脏话衫”，深受中小学生的喜爱，比较流行。

问题诊断

语言的使用，关系着使用者的基本文化素质，也折射出社会文化的基本状况。

学生语言使用的不文明现象，是个人修养的表现，也是当前社会风貌的折射。中学生的语言不文明，折射出其文明素养存在问题。

青少年学生，还不够成熟，尤其是生理成熟水平还不够高，他们的世界观、价值观没有真正确立，可塑性大，易受外界影响。而且，这样的影响可能立竿见影。

拿给老师同学起外号来说，刚开始时，他们可能并无恶意，仅仅是出于好奇，出于好玩而已。至于给某人取一个绰号将带来怎样的影响，可能根本就不在他们的考虑之列。此时，他们心里所想的，仅仅是给他人一个简单的外号而已。而实际上，一个外号可能会给他人带来巨大的影响。一个有损他人自尊的外号，会导致非常严重的后果，这是他们所没有想到的。

不文明语言侮辱他人的人格，伤害别人自尊心，常常导致同学之间，乃至师生之间的矛盾与冲突。一些同学之间的打架斗殴，常常就是由此而引起的。

不文明语言影响团结，破坏同学之间的友情，影响同学之间的密切关系，破坏班级和学校的安全与稳定，给班级和学校工作带来很多麻烦。

不文明语言侵蚀学生的思想，影响他们的健康成长。

学校是传播文明的地方，而不文明语言的传播，侵蚀着学生的心灵世界，腐蚀着学生的灵魂，将直接抵消学校传播的文明，它从根本上阻碍着教育目的的实现。当然，直接受害的还是学生本人。

不文明语言模糊学生的是非标准，破坏他们的辨别能力。美与丑，在他们的心里没有了明显的界限。这是它真正的杀伤力。

比如学生偶尔吐出一两句不文明话语，如果长期容忍，允许学生用不文明语言与他人交流，他们就很可能会以丑为美，把不文明当作文明。

不文明语言影响学生的社会形象，也影响学校的形象。语言是人的素养的一部分。一个人说什么话，怎样说话，体现着这个人的精神风貌、文明素养。很难想象，一个满口污言秽语的人，在他人的心目中会有着良好的形象。俗话说“什么人说什么话”，话就是人心灵的显现。特别是学生，如果出口成脏，在他人的眼里，就是低素质的人。

学校的主体是学生，学校的形象一定程度上是学生树立起来的。一所学校，学生说出来的话，竟然是脏话，学校的形象会受到怎样的影响？不言而喻。

破解策略

“看上去很美”的不文明语言对青少年学生的危害那么严重，学校不应该留有它的位置。

1. 老师、家长做出表率

老师和家长应做孩子的表率，尤其是家长。现在，有的家长自己语言就不文明，成了孩子说话不文明的“榜样”。有一位学生，在校语言极不文明，一出口就爱骂人。班主任再三教育、警告也没用。于是，班主任周末去孩子家家访。一进家门，家长很客气，很热情。但在交谈中，老师发现孩子爸爸说话时满口脏话，几乎是一句一个“他妈的”。原来，孩子的满口脏话，就是从这里学来的。父母亲要成为孩子的好榜样。

老师就更不用说了，本就应是传播文明的，老师的文明语言就是学生文明语言的源头和样板。老师的一言一行，学生都看在眼里，记在心里，甚至在实际生活和学习中模仿。

北京青少年法律援助与研究中心曾经做过一项针对教师不文明用语情况的调查。调查显示，5% 的初中生和 2% 的高中生认为老师经常使用不文明语言，31% 的初中生和 16% 的高中生认为老师偶尔使用不文明语言。

调查结果显示，针对中学生的不文明语言主要有：“傻”“白痴”“弱智”“猪”“滚”“装什么孙子啊”“吃人饭不干人事”“给脸不要脸”“你是什么东西”“笨蛋”“死脑瓜”“缺心眼”等等。老师说的不文明语言还往往会涉及父母、家庭。

有 72% 的初中生和 39% 的高中生认为老师使用不文明语言对自己造成了心理伤害。受到的伤害主要包括：人格、自尊心和自信心受到伤害，“让我在同学面前抬不起头来”“特没面子”“失去自信”“失去学习信心”“更自卑”；感到学习压力更大，情绪更加消极，“对学习产生恐惧”“厌学”“成绩下降”“学习不再快乐”；加重了与老师的对立情绪，“和老师之间感情受伤”“有强烈的抵触心理”“变得害怕老师”“恨老师”“非常气愤想和老师吵架”；甚至一些同学会产生“离家出走”“自残自杀”的念头。

不说不知道，一说吓一跳。有的老师可能已经习惯了，以为自己一两句不文明语言无所谓，殊不知竟然给学生造成了严重伤害。

2. 提高学生的修养

这是自觉抵制不文明语言的根本。学生修养提高了，不文明语言自然没有存身之地。

“语言是心灵的窗户”，有怎样的心灵世界，就会有怎样的语言表达。语言这一窗口，时刻折射着心灵这一窗口的文明状况。只有心灵世界纯洁了，才能做到语言干净。

从学校层面来说，要为提高学生修养做好顶层设计，使学校拥有美丽的环境，丰富的校园文化，浓厚的读书氛围……这些，都是提高学生素养的途径。学生长期生活在这样的环境里，心灵自然会得到陶冶，自然就会得到净化。

从班级层面来说，建设优良的班集体，营造积极的班级文化，形成正确的班级舆论……这都是非常有效的措施。

从个人层面来说，学生才是最积极的力量，应注重提升自身素养，否则外在环境再好，学生自身不努力加强修养，那也是枉然。

3. 开展有益活动

“勿以恶小而为之，勿以善小而不为。”说话，看似是小事，但其影响确实大得难以估量。学校教育工作，可以从一些小的方面入手，让学生慢慢养成好的习惯。《中学生日常行为规范》也要求：“使用礼貌用语，讲话注意场合，态度友善，要讲普通话。”

学校应该开展一些活动，让学生把说文明话当作一件日常学习和生活中的大事来重视，慢慢养成说文明话的习惯。例如，有的学校开展了“语言文明、礼仪待人”的教育活动，要求全校学生一律运用文明礼貌语言“您”“您好”“请”“谢谢”“再见”“没关系”“对不起”……教育无小事，处处是课堂。每位学生如果都认真参与，做到人到、心到，说文明话的习惯将会慢慢养成。

学生缺乏诚信，怎么办?

几年前，美国堪萨斯州一所学校的高二年级学生参加了一次生物考试。班里有 28 名学生从网上抄了一些材料。生物教师特别较真，认为这 28 名学生素质低下，剽窃了他人的劳动成果。于是，她将这 28 名学生的生物成绩统统判为零分。这就意味着这 28 名学生面临留级的危险。

这件事，引起了 28 名学生家长们的关注，有的家长向校方施加压力，要求生物教师重评 28 名学生的成绩。学校领导将矛头对准生物教师，想要她屈从。没想到，生物教师不但拒绝，还辞职了。

生物教师的辞职，成了市民们关注的焦点，也引起了全社会的关注。面对压力，校方不得不举行公开会议，听取全校教职员工的意见。结果，绝大多数与会者都支持生物教师。老师们一致认为，教育学生成为一名诚实的公民，远比通过一门生物课程重要得多。最后，28 名学生的家长们只好让步，同意了留级。

生物教师的辞职，还引起了一连串的社会反应。每天都有一二十个电话表示希望聘请她去工作；一些公司甚至要求学校提供作弊学生名单，以确保公司永远不录用那 28 名学生。

一次看似小事的舞弊，竟然产生了如此大的社会反应，可见诚信对学生的重要性。

德育难题

当前，学生缺乏诚信的现象严重，而且几乎体现在各个方面，到了应该引起重视的时候了。

学生缺乏诚信，至少体现在以下方面：

抄袭作业。一些学生，学习根本不上心，课后作业或者抄袭，或者请人代做。

考试舞弊。考试舞弊已经到了相当严重的程度。近几年，高考中所暴露出来的一些问题，就可以说明问题，更不用说平时的考试。平时的考试中，一般都是学生在“监考”老师。老师只要稍微不注意，舞弊就开始了。他们抄邻桌，翻材料，查手机，采用种种作弊手段对付考试。

涂改成绩单。涂改的目的在于欺骗家长；或者模仿家长笔迹，在需要家长签字的地方签上家长的名字，欺骗老师。

说假话。假借学校的名义，向家里索要钱物，用于去网吧，买零食、赌博；以家庭事故为由，骗取老师批假，逃学玩乐。

做错事或者违反纪律后，不敢面对现实，隐瞒事实真相，编造谎言，而且拒不承认错误。

捡到钱物，不上交或寻找失主，据为己有。

编造假“荣誉”。目的仅仅在于博得老师的信任、同学的好感。

……

小小年龄，弄虚作假的花样竟然那么多，需要加强教育引导。

问题诊断

虚假、欺骗的盛行，意味着诚信的缺失，更意味着真善美的缺失。

社会上，几乎人人憎恨虚假和欺骗，但为什么又有那么多的人，特别是成长中的青少年学生依然加入了欺骗的队伍，并且毫无悔意？

有这么一句话：有假的，谁还需要真的。这就说明假的要比真的更顺手，更能从中得利。

要杜绝虚假和欺骗，必须让造假者付出代价，否则，大家都可以抱着侥幸的心理去造假，去招摇撞骗，去抄袭舞弊，去撒谎索取……

什么叫诚信?《说文解字》这样解释:“诚，信也，从言成声”;“信，诚也，从人从言”。“诚”即真诚、诚实、诚恳，“信”为讲信义、守信用、重承诺。诚信的含义就是忠诚老实、诚恳待人，以信用取信于人，对他人信任，从而得到社会的信任。

诚信，是人的一种内心状态，是孕育道德品质的基础。

学生缺失诚信，对其成长是极为不利的，尤其是对他们道德品质的形成有百害而无一利。学生身上如果从小就学会了虚假和欺骗，长大后对自己、对社会都将产生严重危害。

学生身上缺失了诚信，并非仅仅由于学生本人未成熟，社会、学校、家庭等，都有责任。

（1）社会环境的影响。如今的社会上，假冒伪劣商品充斥市场，毒酒、毒米、毒奶粉屡有发现，企业法人恶意逃避债务，假证书、假新闻、假广告、假大学屡禁不止……这一切，对成长中的学生都有较大、较深刻的影响。

（2）媒体环境的影响。电影电视剧中夸张的故事情节，虚假的商品广告，盗版音像光盘，随处可见。学生的世界观、人生观和价值观，正处在形成的关键时期，他们会把从社会上看到的、听到的吸收到自己的心灵世界，体现在言行中。

（3）家庭环境的影响。现在，很多家长一心关注着孩子的学习成绩以及日常生活，至于道德品质一般不在家长的关注之列，任凭其自由发展，有时甚至把错误思潮带回家中，对孩子产生负面影响。“不吃亏”是很多家长的心理，只要自己的孩子不吃亏，其他的，也就不那么在乎了。相反，“老实人吃亏”成为很多家长启蒙孩子心灵的重要启发语，教育孩子不能太老实，太老实了会吃亏。家长自己的不诚信，为孩子做了最好的“榜样”。比如，有的家长在家干私活，却给单位打电话请病假，个别家长甚至在教孩子怎样撒谎才能让人相信。孩子从小就在父母亲的“启蒙教育”下学会了欺骗。

（4）学校环境的影响。学校虽然一再引导学生要讲究诚信，但是学校也难以摆脱制度影响的怪圈。当前，学校教育中一方面要搞素质教育，一方面却又实实在在搞应试教育，而且，应试教育搞得比素质教育实在得多，见效得多。素质教育呢，对学校教育而言，一般只是写在文字里，很少体现在实践中。于是，一些学校明明是应试教育搞得好，学生中考高考成绩好，但在宣传时，却拼命往素质教育上拉，上纲上线，仿佛是素质教育的结果。学校这些相互矛盾、一手软一手硬的做法与宣传时的虚假，无形中给予学生弄虚作假的印象，在他们的头脑中留下对诚信问题的困惑。为了应付主管部门的检查考核，不少学校弄虚作假的手段就更多了。他们八仙过海，各显神通，让学生说假话，说言不由衷的话。这些，就是直接在教学生抛弃诚信，虚假才能获得更多更好的资源。连学校都在教学生弄虚作假，学生不弄虚作假才怪。

一些学生是“语言的巨人，行动的矮子”。他们虽然懂得做人要诚实守信的道理，但在行动中做的却是另外一套。有的学生把《中学生守则》和《中学生日常规范》的内容背得滚瓜烂熟，但在行动中却是另外一副模样。有人在场与无人在场不一样，在校与在家不一样，在班主任老师面前是一套，在任课老师面前则是另一套，形成了“双重人格”。

破解策略

一张白纸，可画最新最美的图画。问题是，现在的学生已经不是一张白纸，他们的心灵已经受到了污染，已经学会了弄虚作假，学会了撒谎，乃至学会了欺骗。要在这张已经有了一些底色的纸上画出最新最美的图画，把他们的行为矫正过来，并非一件轻而易举的事，需要教师、家长倍加努力才能奏效。

1. 找准结合点，发挥教材的德育功能

以往，我们在对学生进行思想品德教育时，喜欢空对空，注重生硬说教，效果不那么理想。如果教师能够抓住课本与现实生活的结合点进行

教学，效果就会好得多。例如在涉及诚信、欺诈等内容时，有的教师就在课前布置学生从报刊、互联网等媒体查找近年来一些人因欺诈、造假而受到法律制裁的事件。在课堂学习中，学生们把他们搜集到的材料拿来进行交流，学生体会就比较深刻，就有获得感。还有位教师，在教学这一内容时，课前布置学生自己编演“不讲诚信受到处罚”的课本剧，在上课时进行表演。表演的过程就是体验的过程，在过程中学习，效果要远比简单接受强得多。在教学“公民的基本道德规范”这一内容时，其中的“明礼诚信”这一道德规范，有位教师作为重点进行教学，师生共同列举社会生活中存在的种种不讲诚信的现象，让学生体会到诚信的重要性。

2. 根据学生的年龄特点，开展丰富多彩的教育活动

体力精力旺盛，这是青少年学生身体发育时期的特点。他们的独立性大大增强，自尊心和上进心都很强，好胜心也强。此外，思维的独立性、批判性、创造性都大为增强，不会轻易全盘接受他人的指导意见。教师只有在了解、掌握青少年学生身心特点的基础上展开工作，才有可能取得理想的效果。

（1）开展读书活动。有人说，一个人的精神发育史就是一个人的阅读史。学生要成长为有思想、有道德的人，自觉进行阅读是比较有效的活动。教师可以向学生推荐阅读书目，提高阅读的有效性。学校的阅读室、图书馆每天在规定的时间向学生开放，让学生有更多的时间、机会进行阅读。

（2）开展“讲诚信”演讲比赛。比赛可以让学生的个性特长得到充分展示，可以激发他们的热情。因为演讲本身就是感动心灵、塑造心灵的过程。而听同龄人的演讲，也是一种享受，可以受到更多的陶冶，得到更丰富的启迪。

（3）举办讲诚信作文竞赛，让学生人人参与，也利于思维和情感的训练与陶冶。

3. 教师以身作则，以身示范

身教重于言教。教师就是学生最好的榜样之一。教师的为人处世，将直接影响着学生的待人接物。中国古代，对教师的要求比较高，要求教师

既要是“经师”，又要是“人师”。“经师”强调的是对专业知识、专业技能的要求；“人师”指的就是人之师，为人之师，强调的是教师的道德品质。实际上，从最根本的意义上来说，诚实守信本身就是为人处世的法宝，是人品的一个重要方面。

教师自己要做诚实守信的人，才能成为学生的榜样。现实中的教师，并非全部如此。在有的教师身上，诚信的缺失也客观存在。虽然说，林子大了，什么鸟都有，但我们不该忘记，我们的工作对象是未成年人，他们的可塑性，他们的模仿性，决定了教师的道德品行必须高尚。庞大的教师队里中，哪怕只有一两位缺失诚信的教师存在，他们的影响面不会只是一两个人，而是一大片人，一代又一代人。说话不算数，朝令夕改；上课该讲的东西故意不讲，留待补课时讲授；向学生推销文本、文具；论文抄袭，学生的文章署自己的名……这样的教师，他们也在以身作则，但作的是另类之“则”，有悖于师德之“则”，把学生教坏之“则”。教师的一言一行，都会对学生产生影响。教师要在思想政治上、道德品质上、学识学风上，以身作则，率先垂范，为人师表。一棵树摇动另一棵树，一朵云推动另一朵云，这才是教育应有的样态。“用高尚的灵魂塑造高尚的灵魂，用诚信的人格塑造诚信的人格。”教师高尚的人格，诚信的人格感化，本身就是教育最宝贵的资源，其价值远远超过刻意的教育。

4. 小事入手，持之以恒

陶行知说：“千教万教，教人求真；千学万学，学做真人。”这应该就是我们所要追求的教育目标。

教育无小事，学生诚实守信品德的修养，不可忽视小事情，琐事当中蕴含着丰富的教育资源。有的班主任在所带的班级为每位学生设立诚信记录档案，对于学生不擦黑板、不打扫教室、抄袭作业、不交作业、上课无故迟到、考试作弊等不良表现，由班长记录在册。一年之内，凡有不良记录的学生不能评选“三好”学生。而且，不良记录越多，品德等级越低。“言必行，行必果。”学校的规章制度、班级规定，不仅要说到，更要做到。

学生不爱护公共财物，怎么办？

校园内的一切设施，都属于公共设施。正是因为有了这些设施，学校教育才能够顺利进行，学生才能够顺利地接受教育。这是办学条件之一，损坏了，就会影响教与学的正常进行。

这本来是起码的常识，是学生不学而能懂的道理，但在当下却成了问题。

德育难题

目前，学生不爱护公共财物的现象比较严重，不论是学校内的公共财物，还是社会上的公共财物，他们都不爱护，甚至损坏。

两年前的一天上午，某中学初三的几位学生去教室上课。刚走到教室门口，他们发现教室的门被踢坏了。走进教室，发现教室里的桌子凳子东倒西歪，被损坏了。他们立即向班主任报告。班主任通过查看监控，发现破坏者正是自己班上的王某某等三人。班主任把他们叫来，一开始他们还抵赖，当看到视频后，才承认了事实。原来，星期天下午，王某某等趁门卫不注意，悄悄溜进学校，直奔教室。他们对着教室门踹了几脚，将教室门踢开，钻进教室玩耍打闹，毁坏桌凳后扬长而去。损坏了学校财物，一点也不心疼。

这是发生在校内的，还有发生在校外的。

几年前，天津市宝坻区投入了巨资对城区窝头河进行改造。但是，那里的公共设施却遭到了人为破坏。

当地警方通过现场勘察分析，初步判断，这是未成年人所为。警方经过了两天的调查走访，查明是附近某中学的 9 名学生所为。参与这一案件的 9 名学生，最大的 13 岁，最小的 12 岁。他们为什么要损坏那些公共设施？理由很简单：为了打闹取乐。造成的经济损失达几万元。破坏的虽是校外财物，但都属于公共财物。

在校园内，桌椅、水龙头、墙壁、花草树木……很可能几分钟之内就被损坏得面目全非，看了让人心疼。学生自己坐的凳子，自己使用的课桌，有的也损坏到了非常严重的地步，更不用说教室内的插座、插头、开关了，教师们头疼不已。这样的现象，在初中生身上体现得比较明显。他们损公而不肥私，损人而不利己。

问题诊断

不爱护公共财物，这是一个让所有教育者感到头疼的问题。学生损坏公共财物的事件为什么屡屡发生？这是很多人都想弄明白的问题。

实际上，损坏公共财物，并非未成年人的专利，一些成年人也如此，尤其是一些年轻人，只不过学生因未成年，问题比较突出而已。这些人在心理上存在哪些共同的特征呢？

（1）报复心理。一些在学校表现比较差的学生，在被学校或老师批评或处罚之后，存在着报复学校、报复老师的心理，但一般而言他们又不敢直接报复学校、报复老师。于是，就只好寻找替代物——学校公共财物。

曾经有这样一件事：某校一学生，因严重违反纪律，被学校处罚。在处罚现场，他表示愿意服从。第二天，校长办公室的玻璃被砸。那个时候，学校还没有安装监控设备，查起来有一定难度。后来，大家把目光集中到那位被处罚的学生头上。一追查，果然就是他。在问到原因时，他坦承就是为了出一口气。

其实，发生在校园里的很多损坏公共财物的现象，都与报复有关。

当一个人感到愤怒或受挫的时候，通常会对使自己不快的人表现出攻击性。而当无法接近这个令他不愉快的根源时，就会将愤怒发泄到其他替代物上。

（2）玩乐心理。贪玩几乎是天下所有孩子的普遍心理。但是，孩子们的玩乐心理，与成年人的有一个很大的差别，那就是：一心一意只顾着玩乐，只图着快乐，而不顾及其他。例如损坏他人的课桌，他们想的可能是：看他人没有桌子可用，那种感觉爽极了。此时，损坏公共财物就成了一种手段，一种让他人尴尬、狼狈的手段。

（3）天性好动。所有孩子身上都有这样的特点：好动。有些时候，一好动，可能就损坏了公共财物。例如，中小学生好动，坐在凳子上总喜欢晃动。再结实的凳子，只要多摇晃，总会要损坏的。

我所在的学校，很多学生学习成绩好，各方面表现都不错。但好动的天性让他们静不下来。因此，他们的凳子就比较容易损坏。学校有规定，谁坐的凳子，谁损坏谁负责修理。于是，老师们便常常可以看到有学生搬着被自己损坏了的凳子去学校外面修理。这与学生品德的好坏无关。

除了心理因素以外，有些学生爱损坏公共财物还与以下因素有关。

（1）父母亲的过分“宽容”与“较真”。这里的宽容，特指孩子损坏了公共财物，赔偿了就完事，从不教育孩子。正是因为此类父母亲的“宽容”，导致孩子屡教不改，反正爸爸妈妈会赔。尤其是一些“富二代”，仗着家里钱多，觉得赔偿一点钱无所谓。父母亲也觉得赔一点钱更省事，乐得如此。这实际上就等于是在纵容孩子的破坏行为。“较真”，指的是因孩子破坏了公共财物，学校要求家长赔偿，而家长总是找到各种理由试图抵赖。有的家长甚至从学校、老师身上找理由，认为自己的孩子在学校读书，干了坏事，学校、老师也有责任。

以上两种家长，都存在一个特点：忽略了对孩子的教育。孩子做了坏事的时候，家长如果能够及时向孩子指出其错误所在，并给予警告，破坏行为可能就没有下一次了。

（2）个别学生道德品质差。每所学校，甚至每个班级，总有那么一两个道德品质存在一定问题的学生，坏事大多与他们有关。在他们的大脑里，一般缺乏基本的道德底线。他们敢想敢做，几乎没有他们不敢想的事，也没有他们不敢做的事。至于公共财物的损坏，对他们而言，几乎就是小菜一碟。学校或社会的公共设施，几乎成了他们的练功器材。损坏了，他们还可能振振有词，根本就没有自责的样子，更没有悔过的可能。他们在损坏公共财物这一点上，我行我素，屡屡“作案”。

（3）处罚不力。在中国，人们都在呼吁：加强社会管理，对破坏性行为加大处罚力度。可是，那基本上是在要求处罚他人，如果是自己的孩子做出了破坏公共财物的事，则会强烈要求从轻处罚。一个最刚性的理由就是：未成年。于是，求爹爹拜奶奶，七大姑八大姨都来了。最终，从轻处罚，来个不痛不痒的罚款了事。

破解策略

2013 年 5 月 6 日，有一中国游客在埃及卢克索神庙旅游时，在浮雕上看到中文“丁锦昊到此一游”，致使 3000 多年前的文物受损。那几个字，就出自一位中国 14 岁孩子之手。破坏公共财物，竟然破坏到外国去了。

一些孩子从小就没有教育好，才导致名字漂洋过海。要让他们收手，爱护公共财物，需要做好三方面工作。

1. 正面教育

这是最为重要的一个方面。孩子毕竟还是未成年人，他们的心理毕竟还不成熟，他们的道德品质毕竟还处在形成过程中，正面教育与引导，起着决定性的作用。

我们可以结合教材内容进行教育。教材毕竟是德育教学的主要凭借、主要资源，利用好教材进行教学，能够取得不错的效果。况且，教材中也有爱护公共财物的相关内容。例如小学思想品德教材中，就有《爱护公共财物》这一节内容。有教师在教学中，向学生提出了这样几个问题，就很有效：

日常生活和学习中，哪些属于公共财物？（让学生进行列举，在感性层面让学生明白需要爱护的对象，做到心中有数。）

你知道有哪些英雄人物为爱护公共财物而付出了努力？（学生想起了向秀丽和龙梅、玉荣。）

公共财物被人破坏会造成什么损失？（学生又列举了一些后果。）

……

《宪法》规定："社会主义公共财产神圣不可侵犯。" 你是怎样理解这句话的？（学生把自己的理解说出来与同学交流。）

这样的教学，针对性强，学生容易接受，也更加系统。

2. 法制教育进校园

几年来，法制教育进校园，已经成为很多学校的具体措施。一些学校开设了法制课程，聘请公安系统干警为教员，聘请派出所所长为法制副校长。

目前的问题是，这一工作还有待正常化、系统化，现在还存在走过场的现象。

公安系统工作人员，有着丰富的工作经验，可以有选择地、有针对性地面向学生作讲座，开展法制教育，让学生从小知法、懂法，从而明确自己的责任。

3. 适当处罚

人对规则的遵守，总体趋势是从他律走向自律。这是遵守规则的一般规律，也是人们敬畏规则的一般规律，根本就不存在敬畏规则的天性。

对中小学生，一方面是正面教育，另一方面是处罚教育。我们一定要明确，处罚也是一种教育，有时候是更加有效的教育。有人说，没有处罚的教育是不完整的。对成长中的学生而言，犯错误或者损坏公共财物总是难免的，关键是对他们的错误，大人们怎么处置。如果仅仅是不痛不痒地批评，不见得有效，必要时要进行适当的处罚。

有的学校，制定了严厉的处罚措施：

（1）打碎玻璃，按整块玻璃的面积赔偿。特殊规格的玻璃另行作价处理。

（2）损坏凳脚、凳面、凳子横档要作价赔偿。

（3）损坏课桌，比如台面刻字、损坏台面、损坏台脚、损坏横档等要作价赔偿。

（4）损坏黑板、门窗、窗钩，损坏树木、花草，要作价赔偿。

（5）无故损坏、丢失理化仪器、图书、体育器材，或不按规定使用，视损坏程度，分别给予批评教育，纪律处分，并赔偿原物价格的10%～100%。

（6）损坏日光灯、开关、空调、电视机、电脑、电子白板等设备按原价赔偿。

（7）损坏其他公物，一律照价赔偿，情节严重的给予必要的纪律处分。

学校一定要严格落实处罚制度，否则，制度再好，也是枉然。

对于情节特别严重的，则交给司法机关处理。

我们要坚持两手抓，两手都要硬。

学生喜欢抽烟，怎么办？

每年的 5 月 31 日为世界无烟日。设立世界无烟日的目的在于宣传不吸烟的理念。而且，每年的无烟日有一个中心主题，提出一个特别值得关注的话题。例如 2015 年的主题是“制止烟草制品非法贸易”，2016 年的主题是“为平装烟包做好准备”，2017 年的主题是“无烟·健康·发展”。

建设一个无烟的世界，正在成为全世界人民的共同愿望。

德育难题

本人保证：

坚决不吸烟。

接受老师和同学的监督。

如果吸烟，愿意接受学校的一切处罚，包括退学。

我向老师保证：以后绝对不会吸烟，请老师相信我。

以上文字，我们似曾相识，仿佛出自自己所教学生的手笔。

这是一位学生作出的保证。可是，几个小时后，他可能又成了“烟民”。

学校的一些角落里，我们常常可以看到地上的烟头；厕所里，就更是烟头不断。有的学生对学校有关学生不许吸烟的规定置若罔闻，无所谓。老师批评了，惩罚了，统统无效。

这种烟瘾大的学生，在很多班级都存在。

至于烟的来历，中小学生中，他们吸的卷烟60%是自己购买的，有75.3%的学生购买卷烟未被拒绝。13岁和16岁为尝试吸烟的高发期。其中，因好奇而尝试吸烟的比例占50%左右。

问题诊断

有研究表明，吸烟时，烟雾中的有害成分，对人体的神经系统、消化系统、呼吸道、心血管等都有不同程度的伤害。中小学生，他们正处在成长中，吸烟的危害就更大了：

烟焦油为烟草燃烧时所产生，内含致癌物质，会诱发各种癌症。

尼古丁是烟草中的一种剧毒物质，能麻痹人的中枢神经。长期吸烟，会引起心血管疾病。

吸烟不仅害己，又污染环境，对己、对人危害严重。

吸烟者的死亡率比不吸烟者高70%，寿命明显缩短。

这还仅仅是对身体的伤害。学生吸烟的危害还在于：

（1）损害心理功能，导致注意力和稳定性有一定程度的下降，降低智力水平、学习效率和工作效率。将导致思维严重退化和智力功能损伤，严重的会导致思维中断和记忆障碍。很明显，吸烟对青少年的智力、个性、心理品质、学业等都有害。

（2）学生吸烟将会助长其追求享乐的生活态度，增加家庭的经济负担，形成不良交往，诱发不良行为，甚至引发犯罪。为了弄到买烟的钱，有人竟不惜偷窃、敲诈勒索、抢劫。

学生吸烟危害严重，老师苦口婆心，反复教育，为什么还有那么多学生不断加入烟民队伍？

（1）好奇心驱使。中小学生正是好奇心特别强的时期。在好奇心的驱使下，越不让他们染指的东西，他们就越感兴趣。处在成长中的中小学生，怀着好奇的心理，看着一些成年人吸着烟，自然会去偷偷摸摸尝试几口，久而久之，就可能上瘾。很多学生的烟瘾就是这样慢慢而来的。

大人们为什么那么喜欢抽烟？肯定有什么秘密。何不尝尝？这就是很多青少年对抽烟的心理。尤其是当一伙男人在一起吞云吐雾时，孩子们不产生试一试的心愿，那是不可能的。于是，他们就偷偷尝试起来。以前，经济困难时，孩子不可能有钱去买烟，最多只能是偷大人的烟过过瘾。现在则不同了，哪个身上会缺买一包烟的钱？所以，现在的孩子，抽烟的就多了起来。

（2）成人的影响。这包括现实生活中的影响和影视剧的影响。现实生活中，在未成年人的身边，“烟鬼”一大片。他们睁开眼，随处可见有人在抽烟。家里，社会上，学校里，哪里会缺抽烟的人？特别是在农村，一些上了年纪的人，文化程度低，意识不到抽烟对孩子的危害，反而认为自己都抽烟几十年了，不照样过来了吗？在孩子面前，他们有时竟然出于好玩的心理，特意让孩子尝试。

影视剧中，一些抽烟的场景对孩子的吸引力不可谓不小。尤其是在一些外国影视剧中，看到一些成功人士嘴里叼着雪茄，十分酷、非常帅的样子，多少男孩子心神荡漾，心驰神往。

（3）找刺激。不可否认，寻找刺激也是一些学生抽烟的重要原因。有的学生，对学习不感兴趣，时常感觉到无聊，寻找刺激就是他们打发时间，驱除无聊状态的方式之一。一般而言，喜欢抽烟的学生，大多不求上进，对学习不感兴趣。

（4）喜欢抽烟的感觉。一些抽烟者反映，他们抽烟，就是喜欢那种吞云吐雾的感觉。“我抽烟并不是因为我有烟瘾，而是我比较喜欢抽烟的那种感觉。我很喜欢那种将烟从我的手指之间放飞的感觉。每当我看着那一团团的没有形状的烟雾袅袅地从我的手指之间升起，又慢慢地飞散消失的时候，我的心里就会有一种莫名的抑郁在升腾。”这是一位烟民的心声。有的学生年龄不大，但烟龄长，迷恋于吸烟的感觉。

破解策略

（1）随身不带烟，不带火柴或打火机。

（2）经常观察抽烟对呼吸、衣服和室内陈设的影响。

（3）记住烟雾中的毒素可能对自己肺、肾和血管造成的危害。

（4）把戒烟原因写在纸上，时常拿出来读一读，且尽量补充新内容。

（5）有意与朋友、同学或其他人打赌，保证戒烟。而且，输了一定要兑现。

（6）把想要购买的物品的价格算出来，看看可以买多少包香烟。每日把钱积攒下来，每月清点一次。

为了让学生戒烟，一些老师想出了很多办法。以上就是这些办法中的一部分。

对那些已经有了烟瘾的学生来说，要让他们戒烟，的确是一个比较难的问题。但是，教师的职责就是教育好学生，使他们能够快乐健康地成长。

教师怎样帮助学生戒烟才更有效？

（1）认识抽烟的危害，是第一步。要让学生不抽烟，或者已经在抽烟的学生戒烟，了解抽烟的危害非常有必要。而且，最好采用生动形象的方式向学生传播抽烟的危害，让学生认识到不抽烟、戒烟的必要性。

目前，此类素材比较丰富，教师可以择善而用。

（2）现身说法。可以聘请那些已经成功戒烟的未成年人或成年人现身说法，用他们的成功戒烟的事例，给学生以启迪，以引领。

这样的事例，更形象，更生动，也更有效。因为这些人，很可能就是他们的邻居、熟人、亲戚或认识的人，他们的事迹更真实，更可信。再加上讲述时的现场感，效果更佳。

（3）创建无烟校园。这是大环境，给学生良好的无烟环境本身就是重要的教育资源。可是，现在的问题是，学生眼睛看着老师，老师看着校长，一个看一个，天天喊无烟，但老师、校长手里却天天拿着烟。老师的形象就是学生的榜样。老师嘴里常叼烟，手里常拿烟，袋子里常放烟，无烟校园就可能成为空话，成为空洞的口号。

无烟校园建设，教师是关键。教师要成为学生不抽烟的表率，教师要用实际行动影响学生。

（4）介绍戒烟方法。戒烟要从“现在”开始，一次完全戒烟，或者逐渐减少吸烟次数。一般而言，3 ～ 4 个月能够见效。要丢掉身上所带的香烟、打火机、火柴等，远离往常习惯吸烟的场所。如果烟瘾来了，立即做深呼吸，或咀嚼无糖分的口香糖，避免用零食代替香烟，否则血糖升高，身体发胖。要多喝水，一般情况下，两餐之间喝 6 ～ 8 杯水，促使尼古丁排出体外。

每天洗温水澡，烟瘾发作忍不住时立即淋浴。在戒烟期间要多休息，生活要有规律。饭后坚持户外散步，做深呼吸 15 ～ 30 分钟。拒绝喝刺激性饮料，可喝牛奶、新鲜果汁和谷类饮料。可吃多种维生素 B，以安定神经除掉尼古丁。

当然，要戒烟，戒烟者本人必须有顽强的毅力，否则，可能前功尽弃。

学生爱浪费，怎么办?

唐代李绅有一首著名的诗《悯农》(其一):“锄禾日当午，汗滴禾下土。谁知盘中餐，粒粒皆辛苦。”这首诗，脍炙人口，妇孺皆知，主题鲜明：节约粮食。无论走到哪里，我们总可以听到一些小学生背诵着这首诗。

德育难题

可是，当前的校园里，诗歌与现实并不一致。学生知与行脱节，粮食浪费现象十分严重。

实际上，学生的浪费行为，不仅仅在粮食领域，几乎蔓延到了学生学习和生活的各个领域，各个方面。

开学时，在一个小商店门口，4名小学生各自挑选了自己喜欢的文具，其中一名竟一口气买了2个笔袋、5个塑料书皮、6支水笔和一堆卡通贴纸。她告诉同学，上学期，她买了40多支笔，有的因不喜欢就不用，有的用了两三次就丢了。

学生的浪费行为，主要体现在：

(1)浪费纸张文具。很多学生每学期开学都换全套文具。平时，草稿纸也只写正面，练习本写了几页就不用了，橡皮和铅笔则随手乱扔。

(2)浪费水资源。一些学校的教学楼和宿舍楼常常是长流水。有的学生是用水后忘记关水龙头，有的学生则干脆在水龙头下打水仗，更有个别的故意打开水龙头让水白白流走。

（3）浪费食品。有的馒头吃了几口就被丢弃，整盘菜倒掉的现象也并不鲜见。

一边是严重的浪费，一边是一些孩子需要国家补助吃营养餐。这就是我们面临的现状。

问题诊断

毛主席曾经说过："贪污和浪费是极大的犯罪。"

现在国家发展了，物资大大丰富了，人民生活水平也提高了，日子过得越来越红火了，但在未成年人身上，浪费现象也更严重了。

学生中浪费现象严重，一个非常重要的原因就是他们所拥有的东西，来得太容易了。他们只要一伸手，父母亲就毫不犹豫地给了。中老年人为什么更懂得珍惜？因为他们都是从当年那个物资短缺的年代过来的，更懂得物资的珍贵，懂得财富的来之不易。现在的孩子，衣来伸手，饭来张口，父母亲什么都准备好了，根本用不着他们劳神费力，缺了艰苦劳动的体验，体会不到物资财富创造过程的艰难与辛苦，便不懂得节俭。

以食物为例，学生浪费的原因还有：

（1）为了减肥。有的女生为了能够拥有美丽的身材，总能找到理由：菜太油了；一两米饭不够吃，二两吃不完，剩下的只好倒掉。

（2）搭配性浪费。有的女生这样搭配饭菜：一份土豆烧鸡，一份糖醋鱼，一份油麦菜，一碗鸡汤羹，二两米饭。本来，这也是无可非议的。问题是，每种都只吃一点就统统都倒掉了。

（3）心情不好。有的学生心情不好时，依然按照原先的标准买菜买饭，可是常常因为心情不好而吃不完，剩下的饭菜就只有一种处置办法——倒掉，造成了浪费。这样的浪费，本来完全可以避免。

（4）饭菜质量差或不合口味。一是本来就众口难调，二是食堂饭菜的确存在质量问题或不合口味的现象，造成一些学生的浪费现象。

（5）习惯性浪费。一些孩子从小就浪费严重，但父母亲却听之任之，一点也不心疼，只要孩子高兴就好像万事大吉。有的孩子从小就养成了不良的饮食习惯，吃东西吃一半就不吃了。还有的家长担心孩子挨饿，或担心学校的饭菜不好吃，就常常在孩子上学时，给他们塞上钱，或准备些牛奶、麦乳精之类的营养品、饮料。他们在吃饭之前就已经快吃饱了，买了饭菜，稍微尝一尝就倒掉了。

（6）家长坏习惯的影响。一般而言，世界上绝对不存在教孩子浪费的家长，但家长的一些做法，也的确在误导着孩子。在家里，孩子在剩饭时，家长随手就倒进了垃圾桶。更有甚者，几千元一桌的饭菜，只吃了一半就下桌了。

（7）攀比造成浪费。攀比造成的浪费，也是惊人的。

以上只是就食物浪费来谈的，实际上，在其他方面，例如纸张、文具等，学生的浪费现象也很严重。

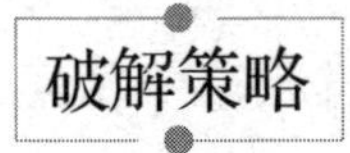

破解策略

要培养学生勤俭节约的好习惯，可从以下方面着手：

1. 培养节约好习惯

（1）学校和家庭双管齐下，把中华民族勤俭节约的光荣传统传递给学生，启发和教育学生。古今中外的仁人志士，他们不以追求吃喝玩乐为荣，以勤俭节约为上，克己奉公，一心一意为事业，成果辉煌，彪炳千古，是非常生动的教育素材。

（2）理解勤俭节约的意义。我国改革开放取得了伟大成就，但与发达国家相比，还存在着一定距离。我们的资源也不是用之不尽的。要让学生认识到勤俭节约是建设国家起码的要求，要让他们懂得节约一度电、一滴水、一分钱、一粒粮食的价值和意义。积水成河，聚沙成塔，大家都勤俭节约，将是一个可观的数字。如果从小就养成了铺张浪费的习惯，形成了不良品德，长大后对自己、对社会都将不利。

（3）小事着手，严格要求。教师要与家长多沟通，密切配合，共同承担起学生勤俭节约好习惯养成的工作。教育学生不要过度打扮自己，不要乱花钱，要珍惜自己和他人的劳动成果。父母要成为孩子的好榜样，以自己的实际行动影响孩子。父母首先要有勤俭节约的习惯，最好与孩子一起行动，养成节约的好习惯。家长也要学会勤俭治家，切莫今朝有酒今朝醉，丰年莫忘欠年苦，饱时莫忘饿时难。在家里，勤俭节约要成为一种传统，在这样的家庭环境熏陶下，孩子就能养成节约的好习惯。

2. 再富不能富孩子

父母亲自己富裕起来了，孩子是否也该相应富裕起来呢？目前，一些家庭就是这样做的，不但自己富，孩子也富。这可能会害了孩子。

父母可以适当给孩子一点可以自己支配的零用钱，但要在适当的时候让孩子明白劳动才能创造财富，付出才能有收获。当孩子想买自行车之类的大宗物品时，父母亲要适时告诉孩子："钱攒够了就去买。"如果真需要大额开支，则向父母借，从以后的零用钱中扣除。这样，孩子就自然会控制好自己，筹划怎样花钱。

孩子懂事以后，可以尝试让孩子当家，把家庭财政管理大权交给他。父母花钱向孩子要，也让孩子体验当家难的滋味，增进理解。

3. 莫让孩子有攀比之心

攀比是造成孩子浪费的一大元凶。很多孩子就是在攀比之下大手大脚花钱的。不让孩子萌生攀比之心，对孩子节约意识的形成很有意义。孩子形成了节约意识，才可能勤俭节约。家长自己要做到不攀比，不能做坏榜样。家长要警惕，遏制孩子与同学相互攀比，一旦发现，要坚决制止，让孩子懂得不要与同学比吃、比穿、比玩，要比就比学习、比品德。

4. 量入为出，培养孩子节俭的品质

（1）学会花钱。怎样花钱，不是随着孩子年龄的增长自然而然就懂的，而是一个不断学习和实践的过程。孩子小的时候，就应教孩子如何买东西，怎样找钱，如何选择所需要或所喜欢的物品。要教孩子怎样保管好钱财，以免丢失或被窃。随着年龄的增长，要让孩子学会思考怎样花钱，避免盲目消费。

（2）学会积累。有的孩子，身上不缺钱，缺的是对花钱的规划。尤其是过年时，每个孩子身上都有不少压岁钱，但有的孩子，几天后钱就花完了。家长要让孩子筹划手里的零用钱、压岁钱怎样使用，适当积累。非买不可的东西才买，可买可不买的不买，剩余的钱积攒起来。教育孩子懂得量入为出，有多少钱买多少东西，杜绝超前消费，寅吃卯粮。

5. 家校合作，形成合力

教育好孩子，使孩子养成勤俭节约的好习惯，是学校和家长共同的责任。孩子上学后，家长要主动与学校联系，沟通信息，密切配合。家庭与学校在教育目标、教育方式方法上取得一致，才更有利于孩子形成节约意识。

当前的现实是，家长与学校在孩子的学习上，沟通与合作比较多，也比较成功，其他方面则较少沟通，原因是家长对此不太感兴趣。要彻底改变这种局面，需要教师付出更多的努力。

学校还要利用广播、墙报、班会、征文等渠道，向学生普及相关知识，宣传树立先进典型，让学生在优良的氛围中形成节约意识。

学生粗心，怎么办？

曾经，北京某油罐车总开关有间隙，司机发现了，但未拧紧开关，沿路洒油，导致 17 辆车碰撞，司机被告上法庭，承担了相应的法律责任；一个飞机维修技师由于粗心少上一颗螺丝钉，结果，几百人在空中丧失性命。

粗心，让很多不该发生的事情发生了；粗心，让学习中一些本不该出的错出了。

德育难题

粗心，在很多人眼里，是一件微不足道的事。因为粗心大多发生在不那么重要的事情上，所以，往往被人忽略。

很多学生，就是由于粗心，在本不该出错的地方，出了差错。

做作业时，抄错了题目，结果，白白花费了许多时间。而那些时间，如果用来做其他事情，则可能产生更丰厚的回报。一些学生在写作文时，把老师写在黑板上的作文题目抄错了，结果写跑题了，白忙活。至于作文中错别字连篇，那更是常事。“戊戌变法”常常写成“戌戊变发”，“罚款”被写成了“发款”，令人哭笑不得。还有“并列”写成了“拼裂”，“举例子”写成了“举裂子”，“列数字”写成了“例数字”……

数学呢，也成了学生粗心的重灾区。把 $(-6+9)\div3-[5\times(-6)]$ 看成 $(-6\times9)\div3-[5\times(-6)]$，计算出结果为 12，其实是 31；把 $0-5+2$

计算成 -7，其实是 -3……

英语的单词书写错误，也很普遍。有的学生书写时，不是多个字母，就是少个字母，或者颠倒了字母的顺序。例如，常常有学生会把 friend 写成 firend，把 first 写成 frist。字母该大写的不大写。受汉语影响，学生在书写标点符号时常常出错。例如把句号“.”写成“。”，把省略号“…”写成“……”。写信时，“Dear …”后的逗号容易写成冒号。还有，英语中没有顿号，汉语中用顿号的地方在英语中都用逗号，很多学生甚至一些优秀学生往往会写错。

……

学生学习中的粗心现象，几乎比比皆是。

老师焦虑，学生无奈，家长焦急。

粗心虽然不是什么大问题，但严重影响着学生的学习和生活。

问题诊断

家长们在一起聊天时，常听到这样的话：“唉！要是不粗心，能考 100 分呢！”“这次他因为粗心被扣了 3 分，要不能在班里排到第二。”话中，有遗憾，有满足，也有埋怨。

粗心就是不谨慎，不细心。粗心，也常常与大意联系在一起，大意就是疏忽，不经意，不注意。

粗心的反义词是细心。细心就是心思细密，不出不该出的差错。

所以，改掉学生粗心的毛病，就要养成他们细心的习惯。心细下来了，再细小的地方都能看清楚，再难发现的毛病都能够发现。世上无难事，只怕细心人。人一细心，还有什么事情干不好呢？

到底什么原因导致那么多的学生粗心呢？

1. 学生个人方面的因素

学生受家庭教育、周围环境、遗传等各方面的影响，大脑发育不完全相同，周围的事物呈现于大脑皮层中的印象也就不尽相同。有的学生视觉识别能力不强，看错或看对写错的现象时有发生。

学生性格不同，对同一事的反应也就不同。实践证明，粗心的学生大多是以下几种性格：

（1）做事急躁，总想争先，做前面的，想后面的，结果在抄题或写字时出现 0 、6 不分，1 、7 混淆等现象。

（2）想象力较丰富。大多数情况下，想象力较强的学生，比较粗心，常出现在学习时凭经验想当然的情况。例如，"前面这样，后边也就是这样"，"这题我已经做过"……这类想法只要一出现，就可能抑制他的思维，结果就会出现错误。心理学告诉我们，思维定势有积极的一面，也有消极的一面。在数学计算中，思维定势的负面作用主要表现在旧的干扰新的，产生"积累性错误"。比如，在教几何图形的平移和旋转时，平时的作业基本都是"将平移后的图形再进行旋转"，从而学生头脑中逐渐形成了一种习惯性心理，以为"要旋转的图形"都是"平移后的图形"。在考试时，试卷中的题目可能要求将"平移前的图形进行旋转"。一些学生就被原来的习惯性心理干扰，未能按题目要求答题，而是在习惯心理支配下，将平移后的图形进行旋转，导致出现错误。

（3）学习过于自信。由于对自己充满自信，以为自己思考的结果一定正确，无需再思考或再检查，在做完作业后，一般都不会认真检查，导致差错较多，后悔莫及。如果他们在发现错误后，能够及时反省，此后痛改前非，也不失为一次好的学习机会，以后细心就行了。问题是，此类自信心强的学生，每一次出现错误后，仍然不思悔改，自信无比。这就是一些学生屡屡因粗心而出错的原因所在。

（4）过分依赖。还有一些学生，明明知道自己没有把握全部正确，却把希望寄托在家长或老师身上，依赖家长的检查或等待老师批改，发现有错误再检查改正，以致不能把差错消灭在萌芽状态。这是明知故犯。此类学生所占比例较大。

2. 学校教育方面的因素

长时期的应试教育，教师把知识传授当作教学最为重要的核心，侧重应试学科的教学及学生应试能力的训练，学生多方面的能力和智慧则被忽视，学生个性受压抑，学生身心和谐发展受影响，导致少数学生产生一些异常行为：攻击性心理强、胆小、自闭、注意力不集中、表达能力差等。出现学习上的粗心也成了必然结果。

当人们的心理活动有意识地选择一个对象，而不理会其余对象时，这就是注意。中学生正处在生长发育期，正由无意注意向有意注意发展。此时，注意的品质还很不完善。例如，在计算 89 × 34 这道题时，学生可能会把乘数 89 抄成 98 。这就表明，学生注意的指向性、集中性尚不完善，注意的品质还存在问题。再如计算 375000 × 4 时，结果可能少算了一个 0 ，这是因为注意的广度和分配能力不够。一些中学生的注意力还有一个特点：容易受环境干扰。学生天性好奇，只要有点风吹草动，注意力就容易分散、转移。如果学生的注意力不集中，已经形成的思路就容易中断，造成粗心。当学生进入初中后，学习科目增多，中考任务加重，再加上有的学生学习目的本来就不明确，学习兴趣本来就不浓，学习成了被动应付，把学习当任务来完成，敷衍了事，漏洞百出就很自然了。

3. 家庭教育方面的因素

当然，学生学习时的粗心，家长也有不可推卸的责任。家庭教育中，家长只看重孩子的成绩，而忽视了孩子其他方面习惯与能力的培养，也在一定程度上造成了学生学习时的粗心。

破解策略

学生粗心的毛病是在长期的学习过程中养成的，因此，要彻底改掉，是不可能一蹴而就的，而需要一个过程。任何急躁的心态，都是要不得的。这是首先需要说明的。

（1）态度认真。做任何事情，之所以会出现粗心的毛病，不认真是重要原因。要改掉学生粗心的毛病，最好的办法就是从认真开始。

为了养成学生认真的习惯，教师可以引导学生，在做事情之前，做好周密计划，按照如下程序进行：计划 → 实践→ 检查→ 反馈 → 改进 → 提高。久而久之，就可以自然养成做事细心的好习惯。调查发现，一个习惯的养成，通常要 21 天左右。

数学中的计算题是训练的好途径。特别是一些比较繁杂的训练，例如数字较长的计算，步骤较多的计算等等，都是很好的训练素材。

还可以进行针对性训练。例如，针对学生总是“看错”“抄错”的毛病，教师可以设计抄电话号码专项训练。训练时教师规定时间，时间一到立即停止，放手让他们自己核对。如果老是出错，不妨适当加长训练时间。如果连对三次，则意味着完成任务。

针对简单计算容易出错的情况，可以进行算扑克牌的训练。拿掉牌里的“大小王”及J、Q、K，然后重新洗牌，再掐着表一张张地迅速累加牌上的数字。直到熟练无比为止。

针对写得快却写不清楚的问题，可进行快速书写单项训练。具体方法为：

①用掐表的办法让学生在一分钟内写尽可能多的数字。

②让孩子临摹钢笔字帖，小学临摹正楷，中学临摹行楷。目的不是为了练习硬笔书法，而是为了写得又快又清楚。进行专门训练会大大提高学生的学习技能。

态度是在做事情的过程中养成的。实际上，态度也体现在做事情的过程中。所以，任何脱离了做事情的过程的态度训练，都是空洞的，更是无效的。 态度训练也就是习惯训练，认真的态度养成之日，也就是良好习惯形成之时。心急吃不了热豆腐。坚持不懈地训练下去，粗心的坏毛病就可以改掉。

（2）养成认真读题的习惯。考试时认真阅读题目，本来是不言而喻的事情，但是现在的情况是，有的学生考试时，不认真阅读题目就匆匆答题，导致看错题目要求，答题错误。语文考试时，现代文阅读是必考题，有的学生在答题时，竟然连原文都不认真阅读一遍就匆匆下笔，导致答错题。个别的，甚至连作文题目都会看错。“记忆的小河”看成“记忆中的小河”，一字之差，关系极大，错得离谱。数学考试中，题目中多一个零与少一个零，相差是巨大的。

老师要告诫学生，答题时，最好把题目阅读两遍再动手，否则，出错的可能性就极大。

（3）养成检查的好习惯。粗心与不检查是一对孪生兄弟，而检查是粗心的克星。第一次做，粗心了，如果检查一遍，就可以发现问题。及时发现，就可以及时改正。

有的学生考试时，总是非常快地就答题完毕，然后坐在座位上玩耍。例如，初中语文考试，一般 150 分钟，有的学生约 100 分钟就完成了。完成后，并不检查，只是坐在位置上玩耍，等着交卷，并时不时地问老师是否可以交卷。考试的结果可想而知，分数一般不会很理想。问题是，他们反复这样粗心，竟然没有认真检查的打算。一次又一次，每次都如此。

这当然与学生急躁、浮躁有关，静不下心来，巴不得做完题目就可以出去玩耍。

教师在平时的教学中，一定要训练学生认真检查的好习惯。不论是平时的作业还是考试，都要督促他们进行一番检查。

学生缺乏耐心，怎么办？

1983年高考作文题目是漫画《这下面没有水，再换个地方挖》。漫画中，一个人手里拿着铁锹去挖井，挖了几处没见到水，就放弃了。其实第四口井快要挖到地下水了，他却不再继续挖了，还说："这下面没有水，再换个地方挖。"

实际上，不是地下没水，而是他缺乏继续往下挖的耐心。结果，当然是前功尽弃。

德育难题

急于求成，可以说成为当今中国整个社会人们的一种心态，做什么事情，巴不得一夜之间就大功告成。

这种心态，影响到学生，缺乏耐心就变得非常普遍了。

一些学生，对新奇事物兴趣浓厚，刚接触时，热情高涨。但过不了三天，情绪一落千丈，弃置一边，不管不问。一篇作文，开头时书写一笔一画，字写得端端正正，但从中间开始，就有些随随便便了，到了末尾，则基本上是龙飞凤舞，难以辨认了。有的作文，开头部分一般都没什么错别字，但到了后头，错字连篇，甚至连前面出现过的字，后面竟然也写错。例如，前面写了"拆"字，后面则变成了"析"字，或者"戍"字变成了"戊"字，前后不一。

实际上，这是前面认真，后面马虎的结果。这种虎头蛇尾的现象在学生学习中比较普遍。

半途而废也是比较典型的一种状况。中小学生正处在成长发育时期，朝气蓬勃，对整个世界都充满了好奇之心。这是他们这个年龄段的最大特点之一。他们什么都想学习，什么都想知道。但是，如果需要他们花费一些时间和精力去认真把事情做好，就可能难以坚持了，半途而废的多。例如，对画画，很多学生从小就非常喜欢，喜欢涂鸦。但是真正到了美术课上，需要认认真真学习的时候，很多孩子就打起了退堂鼓。为什么？不愿意付出时间和精力。

半途而废，也体现在：一些学生在每学期的开学初，会对新学期充满了希望，并制订了新学期的学习计划，决心也非常大。比如早上几点起床，晚上几点休息，都规定得很具体，也切实可行。毕竟是自己制订的计划，更符合自己的实际。可是，那些切实可行的计划，实行不到半个月，就流产了。原因非常简单：缺乏耐心，难以坚持。不是计划不好，而是计划的执行者缺乏意志力。

急功近利也是很多学生身上的毛病，尤其是对于技能的学习与掌握。一些学生对某项技能的学习与掌握，巴不得一两天就学会，否则，就很难坚持下去。例如写作，这是很多学生都希望学好的，希望能够写出文从字顺的文章。一些学生一开始充满希望，并信誓旦旦，不学好不罢休。但是，在经过了一段时间看不到明显的效果时，就灰心丧气，甚至放弃了。

很多学生，学习成绩不理想，只能站在理想的大海边，永远难以到达彼岸世界，原因很简单，不能够持之以恒。结果，自己遗憾，老师也遗憾。

为什么会出现这样的现象？

问题诊断

有耐心是指做事能够静下心来，不急不躁，按照事情发展的本来逻辑，遵循事情本身的规律，按部就班地去做好。有时候，事情很繁杂，需要耐着性子一丝不苟地做下去，才有可能把事情做好。

很多学生不是因为智力差，能力不济，造成学习成绩不理想，而是因为缺乏耐心，不愿意静下心来，认认真真思考，踏踏实实解决学习中的问题。

学习的过程，往往伴随着琐碎、琐细，这是一种考验、一种检验：考验我们的耐性，检验我们的耐心。以学习写作为例，写好一篇作文，有好几个环节。这几个环节都不能省略，写起来虽然有点烦琐，但都是必需的，否则要写好一篇作文就难了。可是现实中，很多学生把一些环节全省略了。构思、布局、修改是最常被省略的。他们一拿起笔来就写，写到哪里算哪里，字数不够，则眉头一皱，计上心来，随随便便凑上一些文字，总算达到了文字上的要求。写完后，甚至连看也不看一眼，从不修改。这些同学，连写好一篇作文的耐心都没有。

相对而言，性格急躁者更容易缺乏耐心。希望做什么事情都能一蹴而就，这是很多人的愿望，因为这样便可以不必付出很多努力。因为性格急躁，需要等待的时候不等待，需要长期付出努力的时候，舍不得付出，并急切地想一蹴而就，否则就选择放弃。

浮躁的时代亦使得人难得有耐心。当前，是一个浮躁的时代，大环境如此，很多人什么事都想速成，就连婚姻也希望“闪婚”。在此大背景下，学生焉能不受影响？当大人们都心急浮躁，希望学生耐心坐下来学习，可能就是一种奢望了。

破解策略

一位女孩去一家外贸公司应聘经理秘书，公司给她安排的工作却是行政部文员。女孩认为，虽然不是当初想要的职位，只要自己耐心做好本职工作，照样可以有所作为。

女孩认真地做着复印、打印等琐事。同事们习惯把自己需要复印和打印的文件一股脑儿放在女孩桌上，并把需要复印和打印的东西及数量分别写在纸上。每一次，她都耐心地做好记录，并做好每一件事。

不仅如此，女孩还认真检查，避免了公司的损失。不久，她成为经理秘书。虽然是简单的工作，但耐心和细心让她取得了成功。

这样的故事很多，它们都揭示了一个共同的真理：工作不论高低贵贱，耐心细致地做好每一件事，就能够取得成功。

学生学习也是一件琐碎的事，同样需要耐心与细致。

耐心不是天生的，而是后天培养的。而要培养孩子的耐性，需要做好如下工作：

（1）让学生认识到耐心的重要性。教师要让学生明白，有无耐心是决定事情成败的要素之一。著名生物学家童第周的父亲为了让他从小就明白耐心的重要性，特地给他题了“滴水穿石”几个字，让他懂得了没有穿不透的顽石，只有缺乏耐心的人。

父亲离开后，哥哥让童第周去宁波师范预科学校读书。一个学期后，童第周就提出要考效实中学，那是一所名校。哥哥提醒他：“用英语讲课是效实中学的特点，你的英语学得不是很好，很难考上。”童第周则认为只要耐心学习，一定能如愿以偿。

从此，童第周坚持自学英语，每天除了吃饭，很少离开书房。终于，他考上了。在效实中学，童第周又刻苦用功，成绩从刚入学的倒数第一上升到了全班第一。

耐心，让童第周实现了理想。

（2）让学生学会等待。学生毕竟是未成年人，是孩子，缺乏耐心是他们这个年龄段的重要特征。只要想到一件事情，他们巴不得立刻去做，否则便会不停地纠缠。

比如考试时，个别学生想到考后可以去某个地方玩耍，便失了耐心，随意乱答题，根本就不去思考怎样回答才正确。因为他们心里想的，只有玩耍，考试则在其次，没有耐心等待。

这个时候，老师绝对不能松口，让其提前交卷，而应该让他们静下心来，再仔细检查，看看有什么需要改进的地方。如果让他们提前交卷，就等于默许了他们的浮躁、急躁，下一次，他们可能会变本加厉，更加随意。

（3）从身边的小事入手。培养学生的耐心，不一定都要在大事情上着眼，日常小事可能更有效。例如，扫地、擦桌子、写字等老师要在事前提出具体要求，完成后要检查督促。不认真做好的，要重做。要让学生明白，要做好任何事情，都需要耐心。

（4）三分钟耐性训练。安吉娜·米德尔顿在《美国家庭的卡尔·威特教育》一书中介绍了一种三分钟耐性训练法，不妨试一试。

皮奈特是一个缺乏耐性的孩子，他只爱看电视和玩游戏，对读书根本就不感兴趣。

一天，父亲拿着个沙漏，告诉皮奈特，这是古时候的钟表，里面的沙子全部漏下去时，刚好是三分钟。看到沙漏，皮奈特想玩玩。此时，父亲告诉他，以沙漏为计时器，和父亲一起看故事书，每次以三分钟为限。皮奈特高兴地答应了。

第一次，皮奈特安安静静地坐在那里和父亲看故事书。但这只是表面现象，实际上，他根本没有留意看书，而是一直看着那个沙漏。三分钟时间一到，便跑去玩了。但父亲没有气馁，他决定试几次。几次之后，皮奈特的眼睛渐渐转移到故事书上。虽然约定的是三分钟，但三分钟后，皮奈特为故事情节所吸引，特别入神。于是，他要求延长阅读时间，但父亲坚持"三分钟"的约定，不肯延长，皮奈特就自己主动阅读了。

皮奈特的父亲用的是循序渐进的训练方法，让皮奈特在一定时间内专注于某特定对象，久而久之，他形成了习惯，也就训练了耐性。

学生喜欢拖拉，怎么办？

英国有一部短篇小说《我丈夫写书》：丈夫在订婚前就说要写一部《伦理学研究》的书。快结婚时，他们连写书用的沙发、装饰画，甚至墨水瓶都准备好了。结婚后，没见他动过笔。春天来了，妻子提醒他写书的时机到了。丈夫找了理由：春天不适合写书，是踏春的好季节，只有到了7月，人才愿意待在家里，可以每天写作四小时。到了夏天，丈夫又嫌天气太热，没法写。写书的事，秋天干！五年后，丈夫的书，还没有起头。从此，再也没有谁提写书的事了。

德育难题

拖拉，是一种世界性的疑难杂症，也是一种顽症。

（1）做事拖拉。做事磨磨蹭蹭，拖拖拉拉，这是很多学生身上的特点。老师布置的事情，在规定的时间内，总是以各种理由，不及时去做。一定要等到快截止时才慢慢腾腾地去做。老师急，同学也急，只有他们本人不急。例如办学籍需要交户口簿等材料，尽管老师早早布置，规定了交的时间，个别学生就喜欢拖拉，而且不论老师怎样催促，他们总能找到理由。

（2）行动拖拉。集体活动，需要全班学生集体参加。在集合时，每一次总有那么一两个学生磨磨蹭蹭，需要全班同学等待他们一两个人。大家都等得不耐烦了，他们仍然像没事一样，不急不慢。而且，还不能批评，若是批评，他们可能还接受不了。好像全班同学等他们一两个人是应该的。例如，组织全班学生上街打扫环境卫生，下午 3 点出发，有学生 3 点零 5 分才赶到。不管什么集体活动，每次总有几位同学迟到。而且，每一次，差不多都是那几位。

（3）作业拖拉。这几乎是所有老师比较头痛的一个问题。在做作业喜欢拖拉的学生中，有的是边做作业边玩耍，这里摸几下，那里摸几下，时间就这样被耽误了；有的学生，天生就是慢性子，做什么事情都比别人慢。我曾经教过一个学生，他做什么都比别人慢。语文考试，规定时间是两个半小时，别的同学两个小时就做完了，他至少需要两个半小时，没有时间检查，而且可能还做不完。每一次，都要催促他交卷，他才慢腾腾地交卷。有的学生喜欢拖拉，非等到交作业前才动手不可。时间过去了，别人都完成了，他才刚开始做。别人的作业都交了，他只好匆匆忙忙，随随便便交差。还有的，看到别人交作业了，自己没做，干脆放弃。

问题诊断

明代的钱鹤滩所创作的《明日歌》是一首脍炙人口的诗歌，广为流传：

明日复明日，明日何其多。
我生待明日，万事成蹉跎。
世人苦被明日累，春去秋来老将至。
朝看水东流，暮看日西坠。
百年明日能几何？请君听我明日歌。

遇事不抓紧时间做，总是一天推一天，今天推明天，明天再推“明天”，因为有无数个“明天”的存在，结果是：永远也做不好。

人最宝贵的是生命，而生命对每个人只有一次。人生短短几十年，不抓紧时间，一晃就过去了。对学生而言，求学时间也不长，如不抓紧，就耽误了自己。

学生正处在成长发育时期，朝气蓬勃，精力充沛，这是学习文化、掌握知识、奠基人生最为重要的时期。以拖拉的态度来对待，就等于是在白白浪费时间，浪费青春。

学习不认真，对一切无所谓，今天的作业推到明天做，明天的学习任务延迟到后天完成，这样的拖拉现象，存在一个假设的前提，那就是明天可能没事，所以，今天的作业明天再完成。如果明天还有新的学习任务，就只能延迟到后天去完成。这样一拖再拖，最后，可能就不了了之，干脆放弃了。因为越到后来，作业可能积累越多，再怎么用功也完成不了。这样一来，学习效果可想而知。如果办的是大事情，拖拉就可能造成严重的损失。学生如果真的养成了办事拖拉的坏习惯，在他们的人生中，将会失去很多对他们来说不可多得的机遇。

（1）学习喜欢拖拉，有一个原因就是懒惰。懒惰就是不喜欢劳动和工作。一个懒惰的人，把懒惰当作一种休息，一种享受，一种悠闲。学习需要勤奋、勤快的道理，他们不是不明白，也不是不理解，问题是，为自身的惰性所驱使，为自身的懒惰所侵蚀，以致失去进取心，失去宝贵的上进之心。喜欢拖拉的学生，总能够为自己找到借口，找到理由。就像前面提到的那位写书的英国男人那样，春天不动笔有春天的理由，夏天不写作，亦有夏天的理由……结果，只能是一拖再拖，最后，一个字也没写成。

为办事拖拉找理由，就是为自己的拖拉辩解，为自己身上所存在的惰性辩解。这对于一位想通过自身努力提升自身素养的学生而言，就成了阻碍自己进步的最大敌人。

（2）被其他人或事物分心而拖拉。这是很常见的现象。一位学生正在教室里做作业，另一位拿出了一支漂亮的笔，一下子吸引了他的眼球。于是，他把同学的笔拿过来，左端详，右瞧瞧，甚至还问了一下价钱，在哪里买的……这样，自然就耽误了做作业的时间。在家里，正打算做作业，突然想起有一场足球赛，正是自己想看的，怎么办？父母亲正好不在场，于是打开电视欣赏紧张激烈的球赛。球赛看完了，又想起某部电视剧自己很喜欢，于是继续看电视剧。欣赏完了电视剧，一看表，不好，已经12点了，爸爸妈妈快回来了。于是，赶紧装模作样，拿起笔来做作业。下午，完成了作业的同学来家里玩，又陪同学玩了两个小时。同学走后，才开始书写作业。

（3）因时间观念不强而拖拉。时间观念不强，是那些喜欢拖拉的学生的共同特点。他们缺乏今天的事情今天做，今天的学习任务今天必须完成的观念。总觉得自己还年轻，自己刚进小学或刚进中学，时间多得很，自己最不缺的就是时间。于是，当初的很多计划、很多方案都流产了。个别学生，更是稀里糊涂混日子，玩一天算一天，学习的事情，根本没放在心上。

（4）对一些学生而言，作业比较难，一时半会儿做不出，就只好拖延，直到拖到不能再拖时，才迫不得已动手，随便应付了事。

（5）天生做事缓慢的同学，他们的拖拉，不是有意而为之。这些学生，慢性子有的是天生的，有的则是缘于家长性子慢、生活散漫、做事拖拉，他们从小耳濡目染，做事时自然就快不起来。

破解策略

喜欢拖拉，会造成严重后果，很多学生对此心知肚明。认识拖拉对学习等方面的影响是重要的，更重要的是，帮助他们改掉这一毛病。

（1）用生动的事例来启迪。事例的启迪作用，在教育中不可低估。以往，在我们的德育工作中，比较重视知识的传授，道理的宣示，这当然都是有必要的。没有知识的垫底和基础作用，德育就可能成为空中楼阁。但仅此还不够，还需要更具体的、感性的资源给以启发、启迪。实际上，此类资源并不缺乏，只要老师们多注意，多方搜集，完全可以满足教学的需要。例如，几年前，高某因双侧中耳乳突炎，从外地赶到北京某医院治疗。但是，主刀医生责任心差，在为高某施行手术时，离开手术室长达40多分钟接听电话。其间，助手和实习医生继续手术，结果手术失败了。高某上告北京海淀法院要求该医院赔偿18万元。

医生责任感差，手术拖拉，心中没有病人，导致手术失败。

学生听到了这样的故事，心里一定会有想法。这就能激发他们去思考，去对照，从而改正缺点和不足。

（2）教育学生做事专注。即在规定的时间内一心一意做好一件事。这点很重要，可以增强学生抗干扰的能力。学习时容易分心，被与学习无关的事情吸引，是造成很多学生拖拉的原因。

专心致志做好某一件事，就不至于被无关事物分散了注意力，拖拉的可能就很小。为了让学生增强抗干扰能力，可以采取速率测定的方法进行训练。刚开始时，教师与学生一道记录单位时间里（如 5 分钟）能够写多少汉字或者英语单词，或者能做多少道题。然后，再算一算以这样的速率，做完所有的功课需要多少时间，结果可能会使学生感到惊讶，觉得自己很快。一段时间后，就可以放手让学生自己记录时间，自己计算。长此以往，就会养成习惯，抗干扰的能力就比较强了。

要尽量排斥无关诱因，让无关诱因远离学生。这一点需要家长的配合。比如，在孩子房间里，最好不放置电视，就可以避免电视的干扰；不要给孩子配手机，就可以避免手机的干扰。

（3）定规矩勤督促。教师要与家长协商，请家长配合。因为孩子身上的拖拉毛病，直接与家长有关。甚至可以说，拖拉的毛病，主要是在家庭中养成的。更严重的是，有的父母亲还没有意识到这一点。教师与家长协商拟定一些规矩，在家里，家长要督促，否则，效果就要大打折扣。例如，未完成家庭作业不许看电视，父母亲安排的事情没做完，不许玩手机……一开始，学生可能常会犯规，但慢慢地就会越来越好。

没有家长的配合与监督，学生身上拖拉的毛病，即便是在学校里改了，到家里可能又复发了。

（4）根据实际，积极创新。几年前，湖北省武昌市中山路小学一（3）班班主任姜明老师出了一个奇招，要求学生的家庭作业必须在规定的时间内完成，不能在规定时间内完成的，家长可以收起作业，不让孩子再做，且向老师通报。效果如何？家长表示，孩子的家庭作业不用再操心了。

刚开始时，有的孩子因为拖拉无法完成作业，家长要收本子，竟然哭了，并保证以后一定好好做作业。这时，家长心软了，让孩子继续完成，此后孩子做作业就大大减少了拖拉的毛病。

学生网络成瘾，怎么办？

网络是信息传输、接收、共享的虚拟平台。通过网络，可以把各个点、面、体的信息联系到一起，从而实现资源共享。它是人们交流信息、沟通感情的一个工具。作为工具，它一定会越来越好用，功能会越来越多，内容也会越来越丰富。网络借助文字阅读、图片查看、影音播放、下载传输、游戏聊天等软件工具在文字、图片、声音、视频等方面给人们带来极其丰富和美好的享受。

这是人们对网络意义的理解。

但是，“真理再向前迈进一步，就会成为谬误”，如果过度使用网络，就会离不开网络，就会网络成瘾。

德育难题

网络成瘾又被称为因特网性心理障碍，是一种因过度使用互联网而导致的心理疾病。网络成瘾者根本无法摆脱网络，时刻产生想上网的念头，容易导致网络操作时间失控，欲罢不能。网络成瘾者常常忽视了现实的存在，情绪低落、双手颤抖、头昏眼花、食欲不振、疲乏无力。

网络成瘾，如果再细分，主要包括网络游戏成瘾、网络色情成瘾、强迫信息收集成瘾、网络交际成瘾、网络技术成瘾五类。

（1）网络游戏成瘾。长时间地沉迷于网络游戏而不能自拔。他们不分白天黑夜，沉迷在网络游戏当中。

（2）网络色情成瘾。网络中，充斥着大量与性和色情有关的网站，各种淫秽文字、挑逗性的声音和图像充斥其中，且毫无障碍地传播。不论是谁，只要稍不留心，就可能陷入其中且不能自拔。这对尚未成年的学生，有着特别的吸引力。有的青少年学生由于受到不良信息的诱惑，沉迷其中。个别的，甚至在现实生活中造成了一些恶性伤害事件。

（3）强迫信息收集成瘾。强迫信息收集成瘾者的主要特征为：常常强迫自己从网上收集无用的、无关紧要的或者不迫切需要的信息。他们下网后还经常担心错过了重要信息，尽管那些信息对他们来说，根本就是无关紧要的，也总想去查看或者下载，总担心有所遗漏。下载的信息又很少或者根本没浏览。一段时间后，觉得没什么价值，彻底删除了，浪费了大量时间和电脑空间。

（4）网络交际成瘾。利用QQ及其他软件或网络聊天室进行人际沟通与交流，到了成瘾的程度。还可以分为交友成瘾和网恋成瘾。两者的共同点是从网上寻找朋友。网恋成瘾者的交谈对象是异性，且在网上确立了恋爱关系，充分享受到了恋情带来的快乐，而且，不可遏止，越陷越深。

（5）网络技术成瘾。此类患者经常强迫自己沉溺于电脑编程或游戏程序中，不能自拔。患者往往没有目的，也没有计划。

有人概括了网络成瘾的症状，主要有七大症状：

第一，耐受性增强，上网者需不断增加上网时间才能感到满足。

第二，出现戒断症状，如果一段时间不上网，就会明显感到焦躁不安。

第三，上网频率总比事先计划的多，上网时间总比计划的长。

第四，企图缩短上网时间，但总以失败告终。

第五，在与互联网有关的活动中花费大量时间。

第六，网络活动已给其社交、家庭带来严重影响。

第七，虽然能够意识到上网带来的严重问题，但仍花大量时间继续上网。

问题诊断

迷恋网络的负面影响是客观存在的，也已引起了社会的广泛关注。

“瘾”是指由于中枢神经经常受到刺激而形成的习惯性，泛指浓厚的兴趣。中枢神经系统是神经系统的主要部分，这一部分神经系统出了问题，就等于整个人都出了问题。网络成瘾，是由于上网者的中枢神经长期受到同一种刺激而形成了习惯，也即形成了条件反射：一看到网络，甚至一想到网络，就产生了上网的反射。

我们都有这样的常识：凡事上了瘾，就容易沉迷于其中，少不了它，离不开它。例如烟瘾、酒瘾、毒瘾，都是如此。

上网成瘾，生活和学习中，也就离不开它，少不了它，也即迷恋于它。

世间万物，都有人喜欢，这是好事，否则，某些事物对于人就缺乏价值了。而喜欢着它们人生就更加充实，内心世界也就更加丰富。例如阅读。但如果喜欢得过度，人一旦离开了书，就显示出难过、疲惫、若有所失、打不起精神等，那就是坏事了。喜欢上网也是这样。喜欢就表示能够接受，且内心喜悦。但如果喜欢的程度过于强烈，迷恋上了，就走向了反面。即一旦成瘾，就是另外一回事了。严重的，甚至会有生命危险。

网络成瘾容易形成网络依赖，其内在的因缘在于价值观的变化，对学生优良品德的形成是不利的。试想，一个长期沉迷于网络的学生，还有时间和精力去关注自己的品德如何吗？

我们知道，品德的形成，不是自然而然就能实现的，而是努力的结果。当然，其中也包含了他人的教育与引导，以及其他可能产生影响的因素的作用。沉湎于网络的学生，虽然不能说他们的品德一定有问题，但至少对形成优良的品德没有帮助，甚至有害。如果长期沉迷在暴力、色情当中，就很有可能走向邪路，危害社会，危害他人，毁了自己。

有的学生，就是因为经常上网，对暴力游戏感兴趣，结果在现实中也模仿游戏中的暴力场景、暴力行为，做出了危害社会的事情，杀了人。这就不限于品德问题了，而是犯罪行为了。

当然，沉迷于网络的学生，由于把主要的时间和精力倾注于网络，自然就会忽略了现实社会中与他人的交往，处于孤家寡人状态。他们虽然还有网络上的交际、交流，但网络上的交际、交流毕竟不同于现实中的交往。那种穿着“马甲”的交往，总让人感觉到不真实、虚假。

青少年学生的网络成瘾有诸多原因：

（1）青少年的生理、心理特点的影响。青少年时期，学生精力旺盛，强烈的好奇心和极强的表现欲是他们的特性。一方面，他们对网络着迷，想要表现自己的能力；另一方面，他们有强烈的反叛心理，对事物的辨别则缺乏完整性和正确性。青春年少时期的学生征服欲强。当他们的欲望在现实生活中得不到满足时，网络上的暴力游戏给他们提供了施展拳脚的舞台。

（2）忽视了对青少年的思想教育。学校、共青团和其他群众组织，未能对上网青少年进行正面教育和影响，使他们未形成优秀的品德，导致其网络成瘾乃至犯罪。

（3）不良网络环境的影响。现代互联网为一些道德败坏者大肆散布封建迷信、色情、暴力、反动言论等不健康信息提供了条件。他们所传播的不良信息，严重影响了青少年的身心健康，尤其是一些黄色网站上的色情画面和语言提示，是极大的诱惑，污染了未成年人的眼睛，毒害了他们纯洁的心灵，造成了青少年网络成瘾。

（4）涉世未深，容易被诱惑。网络的世界，无限广阔，又无限丰富。那些涉世未深的青少年一旦进入了网络的汪洋大海，就容易迷失了方向，迷失了自我。而人在迷失的情况下目光狭隘，容易深陷其中，乃至不惜代价。于是，一些青少年学生，在网络面前，就乖乖地被俘虏了，从此深陷其中，不能自拔。

破解策略

戒掉网瘾，是所有网瘾患者及其家长的心愿。但我们要明确，并非所有的喜欢上网的学生，都是网瘾患者。

那么，怎样判断是否患了网瘾？以下十个方面可以作为诊断的参考。

（1）每天早上起床后，感觉情绪低落，疲乏无力，食欲不振，头昏眼花，或神不守舍，一旦上网就精神焕发，情绪高涨。

（2）上网时，思维敏捷，口若悬河，身心愉悦；断网后，语言迟钝，情绪低落，若有所失。

（3）不断增加上网时间就感到满足，使得上网时间失控，经常超过预定时间。

（4）控制不了上网的冲动。

（5）当看到一个新网址时，就会热血沸腾，异常兴奋。

（6）长时间不上网就手痒难耐。有时，早晨一起床就有上网的冲动，甚至夜间趁小便时也想打开电脑。

（7）缺乏条件上网时，就烦躁不安，情绪低落。

（8）经常出现不由自主地敲击键盘的动作，或身体颤抖。

（9）对家人或亲友隐瞒迷恋网络的程度。

（10）因迷恋网络而面临失学或失去朋友的危险。

如果有以上标准中的 4 项或 4 项以上表现，且持续时间已经达 1 年以上，就可以断定已经患上了网瘾。

由此看来，并非喜欢上网的学生都患上了网瘾症。

当然，对于仅是上网，但并未成瘾的学生，教师也要给以教育或警告，以免越来越严重，以致患上了网瘾。

而对于已经患上了网瘾的学生，学校、老师就要尽到自己的责任，帮助他们戒掉网瘾。

2015 年 1 月 30 日，在江苏省南通市，一位名为王亮的高三学生，为了戒掉网瘾，硬是用菜刀砍断了自己的左手，然后打车去医院包扎。此事说明了戒掉网瘾的紧迫性与艰难性。

一些学生虽然意识到了要戒掉网瘾，但自控能力差，难以戒掉。

要帮助学生戒掉网瘾，需要从以下方面着手：

（1）真正实施素质教育。在应试教育的体制下，学生被逼到了边缘，一些学生对学习不感兴趣，对学校单调枯燥的生活感到厌倦。因此，在他们这个年龄段特有的好奇心、挑战心的驱使下，他们对网络世界的新鲜、刺激、冒险趋之若鹜；同时，他们还把虚拟世界中的力量、权威和成功作为自己的精神寄托，从而放任自己，沉迷于其中。我们要转变教育观念，实施素质教育，让学生从网络的简单接受者转变为网络的重要参与者，成为网络世界的互动者。

教师要通过网络的方式深入到学生中，真正了解学生，研究学生，了解他们的烦恼和学习上的困惑；掌握他们的心理变化和思想动态，根据他们的兴趣、爱好和个性特点，帮助、引导他们树立正确的世界观、人生观和价值观，从而使他们摆脱心理空虚状态，减轻他们的网瘾。

（2）多开展有趣的集体活动。有趣的集体活动，可以吸引学生的注意力，发挥他们的特长，他们的兴趣爱好也可以得到训练和发展。这样的活动很多，例如趣味故事大赛、笑话大赛、棋类比赛、演讲比赛、读书活动等等。

此类活动，可减轻实施应试教育所导致的学习和生活的枯燥，填充他们空虚的心灵，学生就不至于因枯燥与空虚而去寻找网络。

实际上，学生的心灵世界，总是需要用素材去填充、去占领的，学校、老师不主动去填充、去占领，学生就自然会为网络所吸引，所诱惑，他们那强烈的好奇心，自然会使他们不惜花费宝贵的时间和精力，宝贵的青春年华去畅游网络。

开展有趣的活动，可以培养学生多方面的兴趣爱好，学生自然就不会把所有时间和精力花费在网络上了。

（3）引导学生健康上网。引导学生在网络世界畅游，绝对不能仅在“禁”与“放”之间作简单的选择，要用科学的方法，对他们的心灵进行疏导。要帮助学生提高自控力，通过协商的方式与他们规定好上网时间，以减少对虚拟生活的沉迷。还要多与家长联系沟通，让家长友好平等地和孩子交流，让学生感受到家的温暖，不必过分寄情于网络世界。

（4）与学生签署君子协定。一般情况下不上网，假如学生课堂表现良好，作业完成质量高，不妨允许其上网一次，作为奖赏，但不能超过约定的时间；相反，则一周之内不允许上网。当然，这需要与家长联系，取得家长的支持。因为学生在家，需要家长的监督。没有家长的监督，该协定只有一半的效果，甚至相互抵消，效果等于零。

当然，能否戒掉，最为关键的还在于学生本人，学生本人要有决心，有信心，还要有自控力，能够控制自己，否则，也是枉然。

学生要戒掉网瘾，不是一朝一夕就能见效的，是个慢过程，而且还可能出现反复，教师、家长都需要有耐心，等待花开。

学生恃强凌弱，怎么办？

美国全国学校心理学家协会调查显示，美国每 7 个学生中就有 1 个是恃强凌弱者或其受害者，恃强凌弱现象非常严重。

黑诺博士对芬兰 16410 名年龄在 14 ～ 16 岁之间的学生进行了调查，结果发现有三分之一的孩子承认经常欺负别的孩子，他们也受人欺负。

校园中的恃强凌弱是一种世界性的现象。

德育难题

中国的情况又如何？不容乐观。

2007 年 3 月，广东省青少年研究中心、广东省少工委办公室公布了《广东省中小学生安全意识调查报告》。报告显示，31.8% 的中小学生曾被人踢打或恐吓索要金钱；其中 24.9% 的中小学生“偶尔”或“经常”遭受别人的踢打，6.9% 的中小学生“偶尔”或“经常”遭受恐吓索取金钱。

这说明中小学生中，恃强凌弱现象也比较严重。这一现象的具体表现为：

（1）收保护费。小李手里拿着钱，在学校附近的小卖店买水喝。看到小李拿着不少钱，小明见财起意，把小李叫到了学校的厕所里，让小李给 10 元钱，并保证以后谁都不会欺负他，且告知不许告诉家长和老师。尝到甜头后，小明就接二连三向小李要钱，而且，胃口越来越大，一开口就是 50 元、100 元，最多的一次要了 200 元。而且，每次都威胁小李，不能告诉他人，否则就要挨揍。

（2）看人不顺眼。此类欺凌现象也比较普遍。一次，班上一位男生，看着其他班上一位男生，感觉不顺眼，于是走过去，给人家两巴掌。被打者感到莫名其妙。好在当场有好几位同学劝阻，不然，事情可能就闹大了。不仅男生，女生中也存在这种现象。某中学几位女生，看比自己低一个年级的一位女生不顺眼，晚上竟派人到那女生所在的宿舍把她叫到自己所在的宿舍。女生来了之后，那伙女生竟把门一关，灯一熄，给了人家几个耳光。

（3）侮辱性绰号。“报告老师，小强叫我猪八戒。”一学生跑来向老师报告。“报告老师，小永俊叫我母老虎。”一位胖胖的女生干部一脸委屈地说。有的班级，此类报告每天有个四五次。而且，因取绰号而引起打架斗殴事件也时有发生，个别学生因被别人取了带有侮辱性的绰号而大打出手，有的还产生了自卑感。还有因难听的绰号而导致自杀的情况。

（4）欺侮，尤其是发生在女生之间的欺凌事件。例如某地发生的一起欺辱性暴力事件中，有多名身着校服的女生，暴打一女生三分多钟……曾经，一段“石家庄市栾城区第五中学四名女生围殴一名女生”的视频在网上热传，视频中被打女生遭掌掴踢打，施暴者对镜头比画剪刀手。长春市某高三女生，因为回头多看了某个女孩一眼，就被女孩及其同伴共五人拉到附近的半山腰上，遭一顿毒打。云南省普洱市孟连县也曾发生了一起八名女生结伙对一名女同学进行殴打、侮辱的“校园暴力事件”。

问题诊断

校园内恃强凌弱，给受害者造成了严重的肉体和心灵上的伤害，影响恶劣。

（1）危害受害者的身心健康。恃强凌弱现象中，最常见的就是对身体的伤害，例如对他人进行殴打，会造成他人肉体受到伤害，即打哪伤哪。这样的痛苦，让人难以忍受。同时，在造成皮肉创伤的同时，一定程度上，也会造成学生心灵的扭曲，造成极为严重的心理伤害。这是对生命、对人格尊严的漠视，对社会正义的践踏。

（2）一些青少年养成了流氓习气。有的青少年以欺侮他人为乐，把快乐直接建立在他人的痛苦之上。这些学生，有一个特点：素质差。他们身上沾染了不少不良习气，辱骂他人、殴打他人，成了一些学生的家常便饭。他们侵犯他人隐私，对他人进行侮辱的过程中，常常伴随着大量的不堪入耳的话语，完全是一身的流氓习气，流氓作风。尤其是一部分女同学，竟然也成了欺侮者，成了他人的帮凶。她们直接脱掉他人的衣裤，对他人进行辱骂和殴打，践踏他人的人格和自尊。

（3）宣扬了弱肉强食的理念。他们虽然没有直接宣扬，但他们的行为直接向其他学生宣示：大的、强的，就可以欺负小的、弱的。这是强盗逻辑，也是强盗行为。它严重摧毁了人类在几千年文明发展历程中所创立的文明规则，如果任其猖狂，将在青少年心里埋下不良的种子，将会给少年儿童的心灵带来极为有害的影响，也会给社会造成恶劣的影响。成长中的青少年如果接受了弱肉强食的观念，问题就相当严重了。

（4）此外，校园里的恃强凌弱还会造成以暴制暴，影响社会治安，影响正常的教学秩序。

后果既然严重，为什么此类事件还频频发生？

（1）学生个人原因。有人喜欢把原因归结为社会及媒体的影响，认为如果没有当今的社会大环境，就不至于发生这样的事情。可为什么同样生活在今天这个时代，其他人不会这样做，而偏偏那一小部分孩子会这样做？这才是问题的根本。个人的原因起决定性作用，社会只不过是个环境而已。在社会这个大环境的影响下，个人完全可以有不同的表现，不同的作为。

事端挑起者，他们都有着不同于一般孩子的个性，都比较强势、强悍。有的人，即使到了80岁，也仍然容易冲动，容易惹事。而有的人则少年老成，比较理性，比较稳重。所以，个人素养起决定性作用。

（2）家庭教育方面的原因。一些孩子身上的问题，都可以从家庭教育中找到根源。

在一些家长的头脑中，存在着这样一种观念：莫让孩子长大后吃别人的亏。所以，他们从小就养成了孩子争强好胜的性格，个性比较强。孩子与别人有矛盾，便尽量让孩子赢一点，或者至少要做到不输给别人。这种以争强好胜为目的的家庭教育，从小就养成了孩子赢得起输不起的心理。所以，在他们的学习和生活中，当与别人产生了矛盾时，他们首先想到的，就是如何赢别人。而一旦觉得自己被别人欺负之后，便容易冲动，容易与别人产生摩擦，甚至要想方设法从别人那里赢一点，哪怕是一点点都行，就更不用说把别人狠狠侮辱一番了。

那些欺辱性事件中的带头者，在他们身上都多多少少存在这样的痕迹。

强悍、勇敢，曾经是一个民族兴盛和发展所需要的素质。但今天的中国处在一个和平发展的时期，况且在校学生所面对的，都是自己的同学，自己朝夕相处的同窗，如果时时处处都不服输，只想赢，就很容易与他人产生矛盾，乃至肢体冲突，那是素质差的表现。

家庭教育中的纵容，也养成了孩子为所欲为的习惯。一些家长，对孩子身上的一些顽劣性，很少加以遏制，一般都是睁一只眼闭一只眼。因为他们所关注的，仅仅是孩子的学习成绩。成绩之外的事情，一般不在其关注之列，除非在外面惹了祸。个别家长，即使是孩子在外面惹了祸，也总是千方百计把责任往别人身上推，为自己的孩子开脱。这样，就让一些孩子从小就生长在没有约束的环境里，养成了为所欲为、肆无忌惮的习惯。他们认为什么事情都可以做，什么话都可以说，毫无顾忌。这样，当他们在遇到一些不顺心的事情时，就容易说一些出格的话，做出一些出格的事。可以说，如果那些孩子在肇事前，都能够去冷静掂量一番，养成了在规矩内做事、说话的好习惯，类似的事情就很可能避免。那些为所欲为的女孩子，从小就缺乏敬畏之心，从小就不懂得尊敬规则，敬畏他人。不知道人生在世，有的事不能做，有的话不能说，有的地方不能去……

（3）学校教育方面的原因。没有哪一所学校希望自己培养的学生个个强悍，蔑视他人的存在。但我们不可忽视一个现实：应试教育所培养的就是争强好胜的人，就是希望达到“提高一分，干掉千人”效果的人。应试教育，就是残酷的教育，就是自己要上去，别人须下去的教育。而且，下去的人越多，自己的希望便越大。

家长希望自己的孩子争强好胜，不吃别人的亏。学校希望学生考试中挫败他人赢得好名次。目的何其相似！

破解策略

校园中的恃强凌弱，是学校教育中的一块毒瘤，必须尽力尽快切除。

“他山之石，可以攻玉。”让我们先看看外国是怎样解决这一问题的。

美国：学校对校园欺凌问题非常重视。在每年开学时，举办培训班，教给教师处理欺凌事件的方式方法，且发放指导材料。对学生，则进行相关教育，进行预防，告知他们有关规章。

日本：文部科学省对教师进行专门培训，加强管理，增加辅导员和护理员的数量，以帮助学生处理各种问题；学校有权对“害群之马”进行停课和处罚，且制定了更加详尽的指导原则和程序。

澳大利亚：建立了政府支持的组织和网站，帮助学校了解欺凌现象，制定了相关政策，提供教师培训的指导大纲。政府通过增进师生们对社会正义问题的理解来解决校园欺凌问题。

以色列：政府要求学校建立全校范围的反欺凌政策，对教职员工进行培训。

各国历史传统不同，但可以相互借鉴，相互学习，取长补短。

中国的学校要解决这一问题，需要从哪些方面着手？

（1）加大处罚力度。校园恃强凌弱事件为何屡屡发生？一个很重要的原因就是处罚过轻。事件发生后，一般都是双方家长坐在一起商量如何解决。即便是一些触及刑法的案件，一些家长仍然寄希望于协商解决。一般性质的案件，都是双方家长协商，达成协议。结果是皆大欢喜。

问题就出现在这里。此类事件中，施暴者的家长，总是抱着一个理由：孩子未成年。孩子未成年，别人就该因此而受罪？孩子未成年，就可以“赦免”？我们在处理此类事件时，总是把“未成年”作为评判肇事者该受怎样的处罚的砝码，于是往往从轻处罚。

这样的处罚，实际上是在告知所有未成年人：因为你们未成年，所以即使犯了法，也会从轻处罚的。犯了法，赔点钱，认个错，赔个礼，就此无事。

这样的成本，显然过低。于是，一些本来就不那么安分的青少年则有“恃”无恐，仗着自己是“未成年人”，为所欲为，肆无忌惮，严重侵犯他人权利，践踏他人尊严。

在我们的文化中，存在着重“宽容”而轻“责任”的倾向。对未成年人恃强凌弱之类的事件，我们总是以“未成年”为理由，无限度地给予宽容，恰恰忘记了他们也承担着责任。做了坏事，就得承担相应的责任。这是天理。但我们在这样的天理面前，总是“心太软”，所以一次又一次地让那些犯事者得以逃脱应受的制裁。

应该加大处罚力度，对那些严重伤害他人的未成年人依法进行相应的处罚，再也不能姑息。

以往，处罚太轻，过多讲究“宽容”忽视了“责任”。欺侮他人付出的成本过低，造成此类事件时有发生。

（2）把工作做细。我们可以借鉴一些发达国家的成熟做法，结合我们的实际，开展工作。

开学时，对班主任老师进行如何应对校园欺凌事件的处置方法的培训，使班主任对这个问题有更加充分的认识，并懂得怎样处置。

像澳大利亚那样，创办相关网站，创办“反欺凌网络组织”，制订“无欺凌计划”，以帮助学校了解欺凌现象，怎样处置校园欺凌现象，从而为学校制定相关的规章制度提供资料。

学校制定富有针对性的规章制度，防止此类事件的发生。

班主任多下班，多了解学生中的情况，尤其是要善于发现学生中存在的矛盾，一旦发现，就要及时处置，使矛盾在刚发生的时候，就及时得到解决。这是非常重要的。特别要关注班上一些“危险分子”，谨防他们“闹事”。实际上，班上哪些同学是“危险分子”，班主任心里一般都有数，只是由于工作忙而未加特别关注而已。

（3）引导学生学会做人。一位记者在家写稿，他四岁的儿子吵着要他陪。记者很烦，就将一本杂志的封底撕碎，对儿子说："你把这上面的世界地图拼完整，爸爸就陪你玩。"不到五分钟，儿子就来拖他的手，说道："爸爸，我拼好了，陪我玩！"

记者非常生气："你喜欢玩，可以理解，说谎就不好了。这么快就拼好了世界地图？"

儿子感到很委屈："真的拼好了，爸爸！"

记者一看，果然如此。他非常好奇，问："你是怎么做到的？"

儿子说："地图背面是一个人的头像。我反过来拼，只要这个人拼好了，世界就完整了。"

是的，只要人做好了，世界就完整了。

做人，既需要知识，更需要实践。要指导学生学会处理现实生活和学习中的具体事务，尤其是要学会处理难题，学会熟练处理人际之间的矛盾。

（4）培养健康活泼的孩子。这是家庭的责任。那种把孩子的学习放在首位，一切围绕孩子学习成绩转的教育观念应该彻底摈弃。

那种输不起，只能赢的教育理念，要彻底抛弃。凡事只要赢、只想赢的教育理念，也不应该再保留它的地位。

家长要让孩子学会与人相处。"有理也要让三分。""得饶人处且饶人。""宰相肚里能撑船。"……这些名言警句，闪耀着智慧的光芒，千百年来，人们广为传诵。要让学生明白这些道理，"得理不饶人"的态度，万万要不得。

学生行为随意，怎么办？

随意就是任情适意，随便。实际上，随意是随学生个人之意，是为了实现个人之意，而置其他人于不顾的心理与行为。更直接地说，就是指学生心目中没把外在的规范当作一回事，或者心目中装着其他事情，暂且忘记了规范的存在及违反的后果，只要眼前快活就行。学生行为随意，是既没有自律，也缺乏他律的结果。

学生行为随意，也即行为失范。学生行为失范一直是学校、老师和家长关注的焦点问题之一。学生行为失范是指学生的行为违反了教育规范。它包括一般的违俗、悖德、违纪行为，也包括较严重的违法甚至犯罪行为。

德育难题

上课时，有学生做小动作，很不认真。老师善意提醒他，不料，他突然站起来，而且出言不逊："揍死你这老东西！"这位老师已是满头白发，年近 60 了。回到办公室，老师难过得掉了眼泪："我都可以当他爷爷了，还当众辱骂我！"许多老师发出感慨：现在的学生真难管，"说一遍不听，说两遍不信，说三遍不服"的现象屡见不鲜。

连尊重人这种起码的道德底线都没有。这是一种严重伤害人的行为。

学生还有哪些伤害人的随意行为？

（1）攻击性行为。攻击性是指对他人有意挑衅、侵犯或对事物有意损毁、破坏等倾向和行为的人格表现缺陷。一些学生身上存在着攻击行为。

学生身上的攻击性行为多种多样，既可能是身体的攻击，也可能是言语攻击。主要包括嘲笑、戏弄、羞辱、威胁他人，或者过分地要求别人。拥有此类行为的学生，性格较暴躁，遇事易冲动，自我约束能力差，经常在校内外打架斗殴，欺侮同学，故意损坏公共财物，对学校正常教学秩序破坏性很大。

（2）利欲性行为。拥有这种行为倾向的学生，自私自利，私欲膨胀，贪图享受，是非不分。当欲望得不到满足时，常常采取越轨行为，例如偷窃勒索、考试舞弊、传看不健康读物、早恋、涉足未成年人不宜的场所等。

很显然，他们的行为，有的违背道德规范，有的则已经涉嫌轻度违法。这类学生，他们追求的主要是低层次的兴趣爱好，物质和感官享受等原始欲望强烈，一旦受到外界的引诱教唆，就很容易滑向犯罪。如果他们结成不良群体，则有可能成为犯罪团伙。

15 岁的黄某在一同学的生日宴会上，认识了出手大方的李某。李某经常请他进餐馆吃喝，带他去游戏厅玩电子游戏。父母亲因工作繁忙没时间陪伴他，慢慢地李某就成了他的好朋友和偶像。一天，李某突然对黄某说:“有一个小子总不给我面子，跟我过不去。我不好出面，你替我教训他一顿。”被李某这么一蛊惑，黄某在那人头上猛击一棒，导致其头部重伤。

利诱之下，黄某上钩了，并被唆使伤人，因此有了牢狱之灾。

问题诊断

一个人活在世界上，就是社会的人，必须接受社会规则、法律法规的约束。当然，如果是学生，还必须受到校规校纪的约束。个人随心所欲，无视外在规范、规矩的行为，容易对自己、对他人、对学校、对社会造成伤害。

（1）严重影响学生优良品德的形成。社会的规范及法律制度，虽然都是对人的一种约束，但也是对人的保护，更是对社会化起着规范作用。学生是成长中的人，道德规范与法律制度是学生优良品德形成所必需的外在约束。道德规范和法律制度，是一个社会建立正常秩序的重要基础。没有这样的基础，社会正常的秩序就无法建立，只能处在一片混乱之中。

一个行为随意的学生，无视道德规范与法律制度，所缺乏的是遵守法律规则的意识。而一个形成了不良道德品质的学生，要再形成优良的道德品质，就困难了。

（2）严重影响学校教育和班主任的正常工作。学生行为随意，会破坏学校正常的学习和生活秩序。违反道德规范和法律制度的事情一旦发生，影响会比较大，需要学校和教师花费大量时间和精力去处置。

学生打架斗殴等事件一旦发生，既会造成学生双方的痛苦，也会影响班主任、学校领导的工作。因为此类事件很容易引起双方家长的纠纷。处理这样的纠纷，往往是比较艰难的。如果还牵涉第三者，问题就更加复杂，处理起来就会更加艰难。

有这样一件事：两学生打架，其中一学生叫来了自己的亲戚，那亲戚一到学校，不问青红皂白，先给了另一学生一巴掌。结果，挨打学生的家长有意见了，双方闹得不可开交。学校和班主任两边做工作。被打学生的家长提出要去医院做个检查。检查后，打人者又是赔款，又是赔不是。学校为了处理这件事花了几天时间。

（3）影响学校形象。校园里，如果经常有学生偷鸡摸狗，打击斗殴，故意扰乱课堂纪律，乃至违法乱纪，其影响的范围，不止是校园之内，还会穿越校园，传播到社会上。

“好事不出门，坏事传千里。”校园里发生的事件，可能短时间内就迅速传到了校外。尤其是一些违法犯罪事件，会在社会上造成极坏影响。校园欺凌事件就是如此。

那学生行为随意，有哪些原因呢？

（1）社会方面的原因。改革开放几十年来，我国经济发展迅速，市场经济体制不断完善。但是，正确的价值观却没有普遍树立起来，社会上拜金主义、享乐主义、自我中心等不健康的价值观影响了学生的思想。

良莠不齐的文化产物通过新媒体呈现在人们面前，特别是暴力、色情等不良文化也随之出现在大众的视野中，且泛滥成灾。中小学生辨别是非的能力不强，又容易沉迷于网络，让不良文化影响到了他们的身心健康。例如，有的学生模仿影视中的暴力行为，在学校里或社会上打架斗殴。

（2）家庭方面的原因。父母亲的一言一行对孩子都会产生影响，而且其影响是潜移默化的。健康的家庭是孩子健康成长的重要环境。

①父母离异。当前，离婚率居高不下。而离婚不仅意味着家庭的破裂，也会影响孩子今后的发展。可以说，离婚的最大受害者是孩子。一个生活在离异家庭中的孩子，容易失去母爱和父爱的平衡，而母爱父爱对孩子来说都是不可或缺的。缺少父爱的孩子，过于依赖别人，优柔寡断；缺少母爱的孩子，则过于冷漠，对他人缺少热情。父母亲离异，孩子会自动把“不幸福”的标签贴在自己家的门楣上，产生自卑的心理，性格孤僻不愿与他人亲近。

②家庭暴力。家庭暴力对孩子造成的影响非常严重。家庭暴力中长大的孩子，难以信任成年人，不愿意与大人沟通，内心深处抗拒与大人交流；他们长大以后可能会有很强的攻击性，容易冲动，其后果就是打架斗殴、滋生事端。

③不健康的家庭结构。现在，很多父母工作忙，把孩子送到祖父母或外祖父母家生活，周末去看望孩子。而老人对孩子大都溺爱。孩子们衣来伸手，饭来张口。老人对孩子说的话则总是言听计从，对孩子缺乏严格的管教。这种环境下成长起来的孩子大都自我中心，自私自利。

（3）学校方面的原因。学校教育中，引起学生失范随意的因素有：

①学校教育目标出现偏差。学校教育的基本现状是应试教育，都瞄准一个目标——考试。学校的教育目的从学生健康成长变成了升学。而且，不管是什么样的学校都把学生升学作为学校发展的方向。这样一来，教育就完全忽视了学生的个性、能力、家庭背景，完整的人不见了，在教师的脑海里只剩下了分数，丰富多彩的教育，变成了一刀切。

②班级管理不到位。注重学生成绩，是教师的工作重心，成绩成了评价学生好与坏的唯一标尺，学生其他方面的发展则被严重忽视，这是极为

片面的做法。班级管理中，如果把班级目标定位在“提高学习成绩”上，学生就一定会出问题。

破解策略

（1）学校方面。学生行为随意，危害严重，原因复杂。要矫正学生行为，在改变不了社会环境的前提下，学校教育仍然可以唱主角。怎么唱？

①为学生打牢思想观念的基础。人的行为受思想观念的支配。很显然，有什么样的思想观念，就会有什么样的具体行为。打牢正确思想观念这一基础，就可以为矫正学生随意行为筑好牢固的根基。

除了结合教材进行相应教育之外，教师还可以以开展班级阅读、榜样引领、国旗下讲话、读书征文等方式，让学生在潜移默化中接受教育。

在此过程中，教师可采取活泼的形式，引导学生积极参与，全身心参加。

②学校做好顶层设计。学校是大于班级的一级组织，学校的具体工作安排，对班级工作的推进，影响是巨大的。在此意义上，学校的顶层设计，就显得尤为必要。

学校顶层设计，最关键的是要确立核心理念。然后，根据这一核心理念进行具体设计。例如有的学校根据学生品德形成中存在的问题，提出了“知行合一”的教育思想；有的学校根据枯燥沉闷的教学和学生苦学厌学的现实，提出了“愉快教育”“情知教育”的教育思想。设计时，要抓准具有典型意义的问题，核心理念的建立要有针对性。

提出了核心理念，就可以对其进行分解，落实到每一项具体行动中去。例如确定了“知行合一”这一理念，就可以将促使学生言行一致的诚信教育主题，分解到各个年级，明确各年级的具体任务、实施途径等等。这样，德育工作就有了一盘棋的思想，就能够保证工作落到实处，并保证此项工作在全校的均衡发展，班级之间就不至于相差悬殊。至少全校学生在形成诚信品质、信守承诺这方面，行为不至于太随意。

③进行守法专项教育。学生行为随意，有一个重要原因就是，法制观

念淡薄。要让学生真正懂得，法律是保证所有人权利和义务的根本规范，是所有人都必须遵循的。国家虽然有保护未成年人的专项法律，但它以保护未成年人的权利不受侵犯为目的，并不是保护青少年的违法犯罪行为，一旦触犯国家法律，任何人都必须依法接受处置。一些校园欺凌现象的发生，就与一些青少年法制观念淡薄有关。

形式应丰富多彩，可以把司法机关的工作人员请进学校，举办专项法制讲座，用生动丰富的案例，唤醒学生沉睡的心灵，让学生懂得即便是未成年人，也必须遵守国家法律。

（2）社会方面。

①正确的社会舆论导向。大力宣传我国各族人民身上所体现出来的时代精神，例如奥运精神、女排精神、两弹一星精神；引领学生学习《弟子规》等承载着传统文化的著名篇章，让学生领悟其中的道理。

②加强对文化产业的宏观调控，加强文化监督。政府相关执法部门要加强对网络环境的监管，从源头上杜绝不良文化的网络传播，过滤网络信息，给学生创造一个良好的网络环境；对于国外传来的文化糟粕，有关部门要采取措施，坚决予以抵制，防止不良文化的传播。

③维护社会正常秩序，为学生创造安定的社会环境。公安部门要对学校周边进行治安巡逻，对学校周边的娱乐场所，要进行排查整治，防止社会闲杂人员接触学生，保证学生在校外的人身安全，给学生稳定的社会环境。

（3）家庭方面。

①家庭的温暖能让孩子感受到安全。在温暖安定的家庭环境中生活，孩子每天都会有好心情。即便是在学校受到了委屈，家里的温暖气氛在一定程度上可以消除孩子心中的不安，让孩子享受到家庭的安全感与幸福感。

②家长要经常与孩子沟通。繁忙的工作，让很多家长忽视了与孩子的沟通。这样的做法导致了两代人之间的隔膜。经常保持与孩子的沟通，就孩子而言，就能够把自己的心里话与家长诉说，就算是心里有了不愉快，通过沟通与交流，也能够得到消除。例如，每天可以问问孩子“学校有什

么新鲜事？”“老师教了什么新知识啊？”“在学校遇到了什么困难啊？之类的问题，以了解孩子在学校的情况，及时发现孩子的问题。

③家长要善于反思自己。家长需要反思，以发现自己在教育孩子方面存在的问题，并及时纠正。

第二辑

学生心理棘手问题的诊断与应对

求学时代，是学生成长的重要阶段，也是其心理逐渐走向成熟的时期。但此时的学生，心理还不够成熟，还存在着一些问题。这些问题的存在，严重影响着学生的成长与成熟。而这些问题的破解，则会帮助学生扫除心理障碍，使他们更加快乐地成长。

学生爱攀比，怎么办？

当一些贫困地区的孩子，依靠学生营养餐才能填饱肚子的时候，一些城市孩子却在为怎样才能在同学中活得更潇洒，更有面子而焦虑，攀比心理油然而生。

德育难题

目前，学生中的攀比现象比较突出。他们比吃，比穿，比父母。每到开学初，正是一些学生炫耀的时刻。这个说自己买了名牌衣服，那个夸自己买了名牌鞋子，引来了一些同学羡慕的眼光，也让一些家境不那么好的同学伤了心。一些喜欢炫耀的学生，则神气得了不得，在同学面前趾高气扬。

于是，炫耀者后面多了几个跟屁虫；身边，多了一双双羡慕的眼睛。

当然，有炫耀者就有模仿者乃至超越者。吃穿仿佛成了竞赛：你今天买这个名牌的衣服，我明天买那个名牌的裤子，看我能否压过你。于是，中学生成了高消费群体。

根据中华全国学生联合会及其他相关监测机构的调查报告显示：手机的档次与功能，成了中学生相互攀比的重要筹码。

调查还揭示：48.6% 的中学生经常自己去买衣服；58.8% 的中学生认为服衣服的品牌比较重要；13.5% 的中学生认为不穿品牌将被人瞧不起；而只有 2.7% 的学生回答是因为家中有钱，消费得起。

问题诊断

攀比是指不顾自己的基础和条件，盲目与高标准相比；或在消费等方面一味比高，不甘人后。作为一种心理现象，目前，攀比成了一部分中学生的普遍心理。

攀比本是中性词，没有褒贬，就像一把枪，拥有者既可以用来正当防卫，也可以用来杀人，主要看为了什么目的。攀比的目的决定了攀比的褒贬。用于正当目的，对自我、对他人都有益，努力攀登，是值得赞赏的；相反，对己、对人，都无益，或有害，就应该贬斥，应该批判。

中学生正处在学习成长阶段，主要目标应是健康成长。凡是有利于其健康成长的，就值得赞许，值得提倡；凡是不利于其健康成长的，都应该批判，不值得赞许。如果说学生在学习上，有努力向上的赶超精神，不断奋进，老师不但不应批评，还必须表扬，必须鼓励。因为这完全符合学校教育的目的，符合学生成长的要求。

问题是，现在的一些学生，只在消费方面相互攀比，炫耀性消费，过度消费。这不仅对学习有害，而且给家庭带来沉重负担。

攀比的内面是虚荣心，是面子，是过于强烈的自尊心。攀比只是外在的表现。

学生中，通过消费来为自己争面子的现象较普遍。攀比，让他们兴奋，情绪高亢，尤其是那些经常喜欢炫耀的同学，他们的虚荣心可以大大得到满足，觉得在同学面前很有面子，可以博得他人羡慕的眼光。

一位高三学生过生日。下午放学后，10 多名学生一起来到了豪华包厢，从傍晚 6 点一直消费到晚上 10 点，整整 4 个小时。仅包厢就花去了 1000 多元。此外，每位参加者都送了生日礼物，少的 80 元，多的则两三百元，平均 100 多元。当晚他们回家时，都一律打的。

我们可以假设，如果此时有某一位同学，送的礼物便宜一些，或者往返皆步行，别人会怎样看待？穷？舍不得？很可能在同学中他或她就抬不起头了。

在攀比的大环境中，想不攀比都难。

当然，也可以选择不参与。但前提是，没有受到邀请。

学生中，家庭财力难以支撑的，就只好委屈父母亲了。但不可否认的事实是：家长在孩子消费爱攀比方面，起了推波助澜的作用。没有家长的支持，孩子哪来的钱消费？更不可否认的是，有的家长自己就喜欢攀比，成为孩子喜欢攀比的仿效对象。

破解策略

有人说，我们在作自我评估时，应宁可把面子估计得小一些。有七分实力只要三分面子，是明智的；有三分实力却要七分面子，是冒失的。不顾自身条件，自我膨胀，愣是把面子吹大了，会造成一系列的弊端：把有限的宝贵资源消耗在维护大面子上，而无暇顾及实质……

（1）学校要对学生进行思想教育。现在，学生炫耀性消费现象越来越严重，与学校的忽视有关。有的学校，把学生的攀比行为视为学生的私事，基本不干涉。这是不负责任的做法。

实际上，学生在学校，一切不利于他们成长的现象、行为，学校都负有不可推卸的管理责任。不闻不问，就是失职。

完全可以在学校层面上，对学生进行思想上的疏导，进行消费行为上的引导。比如对一些家庭条件好、生活朴素的同学，进行表扬，树立典型，而对一些铺张浪费的行为进行批评，对炫耀性消费的后果给以揭示，让学生懂得炫耀性消费的严重后果，基于自己成长的长远目标关注自己的消费行为，从而约束自己，管住自己。

（2）学校要严肃纪律。要求学生穿整齐划一的校服，不仅让学生有一种集体归属感，也可以抑制他们的攀比心理。这是很有必要的。而且，目前大多数学校都为学生统一制作了校服，要求他们上学时统一穿校服，这并不是一件难以办到的事。有的学校规定学生不许携带手机进校园，不允许在校外购买饮料和零食，这在某种程度上也可以约束学生的不良消费行为。

（3）在班级层面上，可以把炫耀性消费作为班会课话题，让班上学生进行辩论，以统一他们的思想认识，杜绝放任自流。也可以引入相关的故事，让学生认识到因爱面子而攀比，对自己、家庭造成的危害。

（4）教师以身作则。教师应是学生的榜样。教师的衣着是学生直接可以看得见的，会直接成为效仿的对象。所以，教师的着装必须整洁、大方，不追求时髦、不穿奇装异服，以良好的形象积极引导学生，成为学生的表率。有一次，一位教师参加颁奖晚会回来，未来得及换衣服，直接去上课。当学生们看到教师穿上了新衣服时，窃窃私语，评头论足。教师发现了学生们异样的目光，认识到必须立即换衣服。于是，下课时她立即换成平时的装束。她还趁机告知学生们，自己不希望大家因为关注老师的衣服而分散注意力，大家关注的应该是老师的修养、气质，这才是老师身上真正有价值的东西。这位老师不愧为负责任的老师。她还借此机会对学生进行生命观教育和价值观教育，让学生懂得什么样的生命才有价值和意义，让学生懂得了“腹有诗书气自华”，气质和修养不能靠外在的装饰显现，而需要精神世界的丰富。这样，学生就从对教师外表的关注转换到对自身学业和修养的关注，产生了质的飞跃。

（5）与家长多沟通，让家长以身作则。家长是孩子的第一任老师，也是孩子的榜样。家长自己不追求奢华，不炫耀财富，不以高消费为荣，这本身就是一种无言的教育。家长要引导和帮助孩子端正学习态度，树立适宜的学习目标，让孩子做力所能及的事情，通过自己的劳动创造成果，不能让孩子萌生坐享其成的心态。此外，父母要经常给孩子讲述自己年轻时自力更生的奋斗故事，讲述自己成功的经验或失败的教训，这些都是孩子们所乐意听到的，他们也乐意分享父母的苦与乐。家长还要让孩子明白自己肩上的责任和义务，从而引导他们找到学习的动力。

学生爱攀比，喜欢高消费是一种不良心理，家长绝对不能视而不见，甚至纵容。当然，家长更不能成为孩子攀比的榜样。

（6）让学生懂得劳动创造财富。要让学生懂得劳动创造财富，勤劳才能致富的道理。要让他们懂得父母亲手中的钱是劳动所得，来之不易，并不是天上掉下来的，而是自己的汗水换来的。因此要好好珍惜手中那来自父母的钱财。

（7）学会科学理财。老师可以向学生传授一些怎样花钱的学问。例如，有多少钱办多少事，少花钱多办事。教师作为成年人，拥有这方面的经验，可以以自己曾经花钱办事的经历，丰富他们有关消费的认知。告知学生花钱还要有计划有重点，让学生懂得不能盲目花钱、突击花钱的道理，尤其不能为争面子而花钱。花钱应该有计划、有目的，不能乱花。可花可不花的，不花；可少花可多花的，少花。绝对不能浪费钱财。教师应让学生明白这些道理。

学生迷失自我，怎么办?

今天，当我们用“自我迷失”或“迷失自我”去网络上搜索的时候，相关的词条不计其数。面对多姿多彩的世界，有些人头晕目眩，眼花缭乱，找不到自我，不知道自己是谁，自己到底要什么，要到哪里去，甚至找不到回家的路。

德育难题

现实中，老师都遇到过这样的现象：有的学生，在学习中取得了好成绩，或者在竞赛中获奖了，一段时间内趾高气扬，骄傲自满，觉得自己不可一世，以为自己真的很了不起。

有位学生，在一次数学比赛中拿了个市级一等奖。回校后，学校开了个庆功会，对他进行了表彰。从此，他连走路的姿态都不一样了，对以前的好友，也不屑一顾。在班上，谁要是惹了他，那简直就不得了。

他，完全被“胜利”冲昏了头脑。

学生的自我迷失，有很多种表现：

我就是分数；

我就是高手；

我就是金钱；

我就是傻瓜；

……

总之，我不是本真的自己。

问题诊断

西班牙作家塞万提斯的小说《堂·吉诃德》，是一部反骑士小说。小说所叙述的故事发生时，骑士早在一个多世纪前就已绝迹，而主角堂·吉诃德却沉迷于骑士小说，常常幻想着自己就是一个中世纪骑士，并自封为“堂·吉诃德·德·拉曼恰”（德·拉曼恰地区的守护者），还叫来邻居桑丘·潘沙充当自己的仆人。他们行侠仗义、游走天下。在他们身上，发生了种种与时代相悖、令人匪夷所思，且捧腹大笑的故事，结果总是四处碰壁。最终，堂·吉诃德从梦幻中苏醒过来，回到了家乡，不久便离世了。

在那段时间里，堂·吉诃德就是一个守护神，已经不是他自己了。此时的他，已经失去了基本的自我认知、自我意识。骑士的形象，骑士的言行占据了他的心灵，使他迷失了自我。

自我也被称为自我意识或自我概念，主要指个体的人对自己存在状态的认知，是个体对自己所扮演的社会角色进行自我评价的结果，觉察到自己区别于周围其他的物与其他的人。迷失自我，就是在迷惘中失去了本真的自我。

“认识你自己”这个命题，自从古希腊人提出来之后，一直都是人类认识里程中的一大难题。认识不了自我，当然就不知道自己眼前所追求的是不是自己本来所要追求的。堂·吉诃德就是这样，在迷失了自我的那段时间里，他其实是糊里糊涂当了一回“堂·吉诃德”，却一直没有明白本来的自己到底是什么人，人生的目标是什么。他虽过得愉快，但也荒唐。

就学生而言，他们是未成年人，身体和心理都处在成长之中。他们对世界、对人生的认识都还未定型，面对复杂的社会、复杂的校园、复杂的班级，很容易造成自我的困惑与迷失。有的把自己仅仅当成为分数而生活、为分数而奋斗的角色，有的不知道自己到底要干什么，有的今天学习张三，明天模仿李四……尤其是，看着班上其他同学成绩优秀，或者生活潇洒时，心生羡慕，极力仿效。这个时候，自我就失去了。

目前，学生成为分数的代名词，是比较普遍的失去自我的现象。

“比较”，是很多人自我认识的重要途径：拿自己与他人比，看看自己到底处于怎样的水平。一比较，很容易发现自己的不足。于是，迎头赶上他人，就成了必然的选择。

很多情况下，这种迎头赶上的劲头，是在不考量自身条件的前提下作出的决定。这很可能就是一种盲目的选择、盲目的决策。他人数学成绩好，自己可能语文是强项。如果一旦看到别人的数学成绩好，就去拼命花功夫学数学，结果很可能不但数学没有学好，语文也耽误了。邯郸学步，之所以连自己原先的走法都忘记了，就是因为没有事先进行一番自我估量，认清自己原先步伐的特殊性，才丢失了自我的。学步者在看到邯郸人走路姿态非常优美的时候，心里产生了模仿与学习的念头。他如果在作出决定之前，看看自己走路的姿势，可能就不会那么匆忙下决定，也就不会闹出后来的笑话。

而在现实的学习和生活中，学生是未成年人，世界观与价值观未定型，如果稍微不注意，很容易迷失自我。例如，一些学生一旦在学习或者其他方面获得成功，就可能骄傲自满，目中无人，觉得自己真的很了不起，迷失了自我，也迷失了继续前进的方向。少年得志容易迷失自我。家境殷实有时也容易导致迷失自我，很多“富二代”“官二代”迷失自我便是例证。

迷失了自我，也就失去了真实的自我、本初的自我，为本来不属于自己的东西所裹挟、所“绑架”。

破解策略

爱因斯坦 16 岁时，一天上午去河边钓鱼，父亲拦住了他，讲了个故事。这个故事影响了爱因斯坦一生。

父亲告诉爱因斯坦：“昨天，我和邻居杰克清扫一个大烟囱。我们踩着里边的钢筋踏梯爬上去，杰克在前面，我在后面。下楼梯时，杰克走前面，我跟在他后面。出来后，我发现一个奇怪的事情：杰克的后背、脸上全都是烟灰，被蹭黑了，我身上一点烟灰都没有。”爱因斯坦的父亲继续说：“我看到杰克的模样，认为自己肯定和他一样，脸上黑黑的，就去附近的小河里洗了个脸。杰克呢，他看见我干干净净的，就以为他也和我一样干净，于是，随便洗了手就上街了。结果，街上的人都看着他笑，以为杰克是个疯子。”

爱因斯坦听完故事，也忍不住大笑起来。父亲说：“其实，别人谁也不能做你的镜子，只有自己才是自己的镜子。拿别人做镜子，白痴都会把自己照成天才！”

爱因斯坦听了，顿时满脸愧色。

盲目地把自己与别人比较，认为自己比他人聪明就满足，或者觉得自己不如别人就沮丧，这是非常愚蠢的。每个人都会拥有不同于他人的人生目标和生活方式，自己才是自己最可靠的“船长”。

现实的学习和生活中，一些学生很少去真正认识自己，去发现自己的优点和缺点，总喜欢盲目模仿别人，结果丧失了自己的优势。尤其是在学习上，盲目仿效他人，导致满盘皆输。

对青少年学生而言，由于各方面不成熟迷失自我并不可怕，可怕的是迷途而不知返，甚至是不知道自己迷了途。教师的职责就在于让学生不迷失自我，或少迷失自我。

那么怎样让学生做到不迷失自我，或少迷失自我呢？

（1）帮助学生认识自我。一个对自己没有正确认识的学生，容易迷失自己。人贵有自知之明。一个人能够正确认识自己是非常难能可贵的。

（2）引导学生认识到个体的差异性。教师应该让学生明白：世上根本就不存在两个完全相同的人，不要轻易拿自己和别人比，特别是不能拿自己的弱点和别人的优势相比较。每个人都有自己的优势和弱点，和他人盲目比较很容易使自己产生自卑或自负心理，对成长很不利。

有一名14岁的女孩，又矮又胖，眼睛也小，但她不悲观，一天到晚都乐呵呵的。在同学们的心里，她简直就是“快乐的小皮球”。她不悲观，是由于父母的引导。爸爸说：“爸爸胖胖的，你也胖胖的，爸爸是‘大皮球’，你是‘小皮球’，咱俩真不愧是父女。”妈妈说：“你眼睛小小的，像妈妈的是不是？告诉你，你爸爸当初认识我的时候，就是看上了我这对小眼睛挺机灵挺有特色的。”有了父母的正确引导，女儿悦纳了自己的外表，生活得很愉快、很自信。相反，她如果与别人相比，觉得自己胖得难看，可能快乐吗？只会徒然增加优愁。自己就是独特的“这一个”。

（3）引导学生正确认识自己的家庭。这一点很重要。家庭是学生成长的第一个环境，家庭对孩子的成长起着巨大的作用。要教育学生放平心态，客观面对自己的家庭，特别是要让学生明白，即便是家庭条件优越，也是父母创造的，不是他创造的。自己的未来，要依靠自己。而家境不是很好的学生，也要让他们明白，自己的衣食，都来自父母的辛勤劳动。

（4）成为优秀的自己。要成为优秀的自己，首先就必须成为自己，而不是成为他人。任何人的成长，都是自己在寻找到最适合自己的成长道路之后奋斗的结果，他人的成长之路，是难以复制的。

（5）正确认识他人。这里的他人指班上的同学，或者自己的“闺蜜”。一般而言，学生很容易受身边人的影响，而且一些学生就是在身边人的影响下迷失自我的。他人的外在条件，他人的性格爱好，他人的优点缺点……都可能是影响自我的因素。要教育学生避免盲目认同他人，否定自己，而要自信。

学生自轻自贱，怎么办?

迷失自我，是对自己缺乏真正认识所导致的迷惘，而自轻自贱则是对自我的全盘否定，妄自菲薄。

学生中，自轻自贱者不少，一些学生常常妄自菲薄，把自己看作无用之辈、无能之辈，缺乏自信。个别学生，甚至把自己看得一文不值，认为自己根本就不是读书的料。

鲁迅先生塑造的那个著名的人物阿Q，遇到强者，被他们揪住辫子拿脑袋撞墙，一连撞了七下。阿Q说，再撞一下凑个吉利数字。他人以为阿Q这回可完了。但是，几秒钟后，阿Q竟心满意足，以为自己得胜了。他觉得自己是第一个能够自轻自贱的人，状元不也是第一吗?

如今的一些学生常常自轻自贱。你说我傻，是啊，我就傻呀；你说我穷，我就穷呀。你炫耀自己有钱，没问题，我就只好跪下了！你说我没素质，对呀，我就没素质！……给人的感觉是，破罐子破摔，自暴自弃。

德育难题

曾经有一位女生，总以为自己长得不漂亮，学习成绩也很一般。她觉得自己在班上很不起眼，别人都不会在乎自己的存在。所以，她常常想：如果有一天自己离开了这个世界，自己不存在了，其他人会想起自己吗?他们会觉得少了什么吗?她越想越觉得，答案是否定的。她进而又认为，即使自己不在了，地球照样转动，世界仍然还是这个世界，别人照样生活。她越来越沮丧。于是，她害怕见到阳光，害怕面对白天，害怕别人的那些不在乎，害怕别人眼中的那丝不屑。她自卑，常常独自一个人躲在角落里面哭泣。她甚至产生了嫉妒心。一看到老师对其他同学进行学习辅导，她常常一个人跑回家，关上家门，一个人望着红领巾发呆……

眼下，不少学生正在被自己的这种心理阻碍，以致缺乏上进的动力。而实际上，对他们而言，根本原因在于自己努力不够，用功不够。可是，他们却仍然一边作践自己，一边玩耍无误。甚至还有同学怨父母，怨老师，怨学校……

问题诊断

活在阴影里，对自己、对生活、对学习，全部缺乏兴趣，这样的学生，就在你我的班上，就在你我的身边。这些学生，令很多教师束手无策，干着急。

那么，那些学生为什么要自轻自贱呢？原因很多。网络上有这么一篇文章：

孩子不自信的十三个原因

孩子不自信产生的原因主要有哪些呢？

一、缺少成功体验

某一口才不太好的学生，一次在大庭广众之下发言失败，受到人们的嘲笑，心里感到很不好受，恨不得找个空隙钻到地下去；某小学二年级女生，在与小伙伴交往时特别不自信，上次班里选班干部，她的票数很多，可她说什么也不愿意当，后来在老师和同学们的鼓励下，她担任了班里的文艺委员，可最近由于组织联欢会受到了阻力，她又开始打退堂鼓了。

二、学习遭受挫折

大部分家长对孩子学习成绩的关心是超乎寻常的，有的家长甚至仅仅拿成绩的好坏作为评价孩子的唯一标准。只要成绩好，孩子一切都好；只要成绩不好，孩子一切都不好。孩子背负了太重的学习压力，尤其是那些学习成绩不够理想，或偶然在考试中失手的孩子，迫于大人的压力往往不能正确地认识自己，从而导致自卑心理的产生。

三、能力不足

一些先天或后天能力相对较弱的孩子在能力较强者面前往往感到自愧不如。他们会由于自身的条件不如别人而产生挫折感。有的孩子记忆力不好，他的同学一下子就能记住的东西他要花很长的时间、费很大的气力才行，他常常被同学说成“笨蛋”；有的孩子社交能力不强，不善于与别的孩子相处，学校里没有好的朋友或伙伴，与别人格格不入，常常会感觉到做人很失败……

四、生理上有欠缺

一些身材矮小、相貌丑陋、身体有残疾的学生，常常体验着不能与常人相比的失望与痛苦，陷入自轻自贱的自卑境地；一些太胖、口吃、五官不正的学生也会经常受到同学们的嘲笑。

令许多家长想不到的是，武汉的一项调查表明，现在的中小学生有逾八成自卑的原因是觉得自己“长相不美”！

五、对自己要求过高

一个学生在学英语时，由于一心想让自己的发音与“老外”一样纯正，天天不停地练习。但当有一次与“老外”对话后，他发现了自己的发音的差距，于是学英语的自信心大大受挫。另一个女孩一心想夺取学校钢琴大赛的冠军，但未能如愿，由此她断定自己缺乏弹琴的天赋而放弃了练琴。

六、过低估计自己

……

七、消极的自我暗示

……

八、过于看重他人的评价

……

九、家庭条件不如人

……

十、家庭生活缺乏亲情

……

十一、老师评价不公正

……

十二、家长的挑剔与埋怨

……

十三、环境发生改变

一个学生由普通中学转入重点中学学习，时间不长他就感到自己与别的同学有明显的差距，他总觉得自己处处不如别人，事事都比别人要差，对自己的学习没有自信心，觉得自己再怎么努力也比不上别人……

（摘自熊脑脑：https：//site.douban.com/tianxingjian/widget/forum/3009076/discussion/39618238/，有删节）

自轻自贱，也就是自卑。这些同学，与迷失自我的同学一样，对自我认识不清、不全。他们对自身“家底”心中无数，非常盲目。而一个自我认识不足的人，很容易缺乏自信，为一些自身能力之外的因素所左右，因而主观上认为自己不如人，从而自暴自弃，自轻自贱。

破解策略

要让学生走出自轻自贱的困境，最为重要的是帮他们树立信心，相信“我能行”。一个不自信的学生，要让他转变观念相信自己，需要教师付出诸多努力。

（1）良好的心态是前提。良好的心态，可以使学生保持良好的精神状态，不会被外在的因素困扰。“不以物喜，不以己悲”，保持一颗平常心，这是极为重要的。有一颗平常心，不会为自己的短暂成就而沾沾自喜，也不会因自己的暂时失败而极度悲伤。有的学生之所以自轻自贱，就是因为当自己处在不利的状态时，产生严重的失落感、挫败感，对眼前的一切感到无望，从而自轻自贱。所以，有人说，心态决定状态。一个人拥有怎样的精神状态，是由他的心态决定的，尤其要修炼的是学会如何面对挫败，面对失败。教师要让学生懂得：人生中，不一定都是成功，更多的可能是失败，一定要学会面对。“脸不变色心不跳”才是应该拥有的心态。

有人说：

相信自己行，才会我能行；
别人说我行，努力才能行；
今天若不行，明天争取行；
能正视不行，也是我能行；
不但自己行，帮助他人行；
相互支持行，合作大家行；
争取全面行，自己才真行。

以上顺口溜体现的正是一种乐观、积极的心态。

（2）抓住机会，展现自我。老师一定要多鼓励学生，鼓励他们要善于抓住那些难得的机会，大胆展现自己的特长。有位学生，性格内向，个子也较矮，平时总是一个人静静坐在角落里。老师和她谈心，也往往答非所问。通过了解，老师得知她胆小，一遇事或遇到陌生人就脸红，考试前总认为自己没复习好，不自信，影响了她正常水平的发挥。一个偶然的机会，老师发现她喜欢绘画，便因势利导让她负责班上的黑板报，并鼓励她参加学校的艺术活动。在黑板报评比中，她所在的班级连续几次都排第一，她参加艺术活动比赛也获得了奖项。她用自己的实力树立了良好的自我形象，克服了怯懦、紧张、自卑的情绪，树立了自信心。

眼下的问题是，有的学生因胆小而不敢展示自己。班主任、任课教师就要想方设法，让他们走出个人的小圈子，多在大庭广众之下发言、表演，从而树立信心。

实际上，很多学生都有自身的特长，只是教师没有为他们提供展示特长的条件罢了。其实，各门课程都有让学生展示特长的机会。例如语文课上朗读自己的作文、展示自己的书法，数学课上展示速算技巧，物理课上动手操作……各科教师需要转变观念，要多为学生展示特长创造条件。

（3）目标适当，挑战自我。有的学生产生自卑情绪，完全是因为自己所设置的目标过高所导致的。例如，一个写作能力一般的学生，却想要长大当作家。这个目标就显然不适合。还不如把目标定位在写出文从字顺的作文上。这样的目标，经过自己的一番努力、一番奋斗，是完全可以达到的。目标过高，一旦在短时间内看不到实现的希望，就容易失望，容易产生自卑感。有位中学英语老师，为了让学生们树立信心学好英语，采取了结对学习的方法。两个结对的学生英语水平相当，每次测试定下目标，相互比赛，你追我赶，学习潜力被挖掘出来，信心大增。不仅如此，这位英语老师还引导学生学会挑战自我，一旦取得进步就换对手，结成新对子。结果，一些平时对英语根本不感兴趣的学生，也开始感觉到必须努力追赶，否则就永远落后。

（4）平心静气，正确归因。现在的学生，都是家里的宝贝，从小到大都是大人的“宝宝”，娇生惯养，非常娇气，吃不得苦，受不了气，更经不起失败。生活中，学习中，一遇到困难和挫折，就可能灰心丧气，一蹶不振。他们从小生活在无尽的关爱中，对“挫折”一词似乎很难理解。一次班级竞选失败就要求转班，老师上课多批评了几句就逃学，更有甚者考试不及格就自杀等等。在他们看来这些都是天大的委屈和挫折。老师的责任就是要让他们明白：失败和挫折不可怕，可怕的是不能正确面对。例如：考试没有考好，不必灰心丧气、一蹶不振，重要的是要冷静地分析自己错在哪里，为什么错了。如果真的是自己没有复习好，下次把没复习好的部分复习好就是了；如果的确是自己努力了还是不理想，那也不要轻易自暴自弃，随便就给自己贴上了“笨”的标签，可能还有其他原因。

遇到困难，如何去面对？这是对人的心理素质的考验。当年诸葛亮面对司马懿的几十万大军，冷静对待，充分估计了敌我双方的优势和劣势，勇敢作出了迷惑敌人的决定，上演了一场“空城计”。如果他惊慌失措，就可能失去拿出良好计策的定力，失败是必然的。

（5）发现特长，树立信心。“寸有所长，尺有所短。”学校教育要彻底改变一张试卷决定人能否继续受教育的做法，要全面评估学生。评估的目的很多，其中一个很重要的方面就是发现学生的特长，并培养学生的特长，帮助他们树立信心。有的学生，学习成绩平平，但他们有一门课程或许比较突出，作为任课老师或班主任，应该有一双发现的眼睛，真心帮助他们，让其找到自己的特长，并充分展示。例如，有的学生除了写作好，其他方面可能乏善可陈。这时，语文老师就有责任对其特长进行肯定，多鼓励，多表扬，给予更多、更好的指点，促使他们的写作水平进一步提升，让他们在班上更“风光”，从而更加自信。

学生自我中心，怎么办？

现在的学生，大多是独生子女。从小，他们就是全家的中心、重心、核心。家里的一切围绕着他们转，一切为了他们。

在家里，他们是中心；在学校里，他们仍然以为自己是中心。可是，全班所有的“中心”都想以自己为“中心”时，班上就热闹了。

德育难题

“老师，小辉故意踩我的脚！”老师正在上课，学生正在认真地听讲，突然，一个响亮的声音让全班同学为之一震，大家的思路也被打断了。

告状的学生是小明，14岁，班里的“告状”大户。小明“告状”有个与众不同的特点：从来不分场合，根本不在乎有多少人在场。而且，常常在上课时冷不丁冒出一两句话，但每次都是些小得不能再小的事。

一次上课时，老师提了个问题，很多学生都举起了手。小明是好学生，且这个问题比较简单，老师觉得应该照顾一下平时很少发言的学生，就叫了小平。没想到，小明的脸色黑了下来，手“啪”的一声重重地打在桌子上，嘴里还在骂人。

为所欲为，想干什么就干什么，想说什么就说什么，想什么时候做就什么时候做，想什么时候说就什么时候说……

遇到这么自我中心的学生，怎么办？

问题诊断

工作中，我们不难发现，一些学生存在着过于强烈的自我中心观念：凡事都只希望满足自己的欲望，要求别人满足自己的需求，却置别人的需求于不顾；不愿为别人做半点牺牲，不关心他人痛痒，自私自利，损人利己；要求所有的人都以他为中心，恨不得让地球都围绕他们的意愿转，服从于他们。他们只要集体照顾，不讲集体纪律，否则就感到委屈、受不了；只希望别人尊重自己，却不知道尊重别人。他们的心目中充满了自我，而没有他人。问题的根源在于自我意识过强，走向了以自我为中心的极端。

这样的自我中心意识对自己是极为不利的。它将严重影响自我形象，也影响到自己良好思想品德的形成，还会导致被人厌恶、瞧不起。因而，他们不可能拥有良好的人际关系。

自我中心，顾名思义，就是以个体自我为中心，别人都是为他或她而存在的。自我中心主要表现在以下三个方面：

（1）很少顾及别人。他们时刻想到的都是自己，从自己个人的利益出发，有事则求助于他人，不需要求助于他人时，对人则缺乏热情。

（2）固执己见，唯我独尊。他们在班级中总是以自己的态度去要求别人，认为班上同学应该与自己保持一样的态度。而且在明知别人比自己正确时，也不愿意改变自己的态度或接受别人的态度，因而难以与别人进行正常交往与沟通，更不用说关系融洽了。

（3）自尊心过强，过度防卫，有明显的嫉妒心。这种学生有很强的自尊心，他们凡事不愿损伤自己的自尊，而且强烈地维护着自己。因此，他们不希望或不愿意别人超过自己，对别人所取得的成绩、所获得的成功非常妒忌，对别人的失败则往往幸灾乐祸，不愿热情帮助人。

《教育——财富蕴藏其中》一书，提出了教育的四大支柱，也就是教育的四大目标：学会认知、学会做事、学会共同生活、学会生存。学会共同生活，就是要学会与别人一道学习和生活，参加活动并在活动中进行有效合作。“其途径是本着尊重多元性、相互了解及平等价值观的精神，在开展共同项目和学习管理冲突的过程中增进对他人的了解和对相互依存问题的认识。”“将事实上的相互依赖变成有意识的团结互助，是教育的主要任务之一。为此，教育应使每个人都能够通过对世界的进一步认识来了解自己和了解他人。”一切以自我为中心，是与此要求存在矛盾和对立的。后来，联合国教科文组织又在四大支柱的基础上，加上了“学会改变”。这也就意味着，人要学会适应环境，必须改掉自己身上的缺点，以与他人和睦相处。

破解策略

一切以自我为中心的学生，要学会改变自己，以适应生活和学习的环境。当前，家长们比较重视的是智力的开发，千方百计让自己的孩子变得聪明。聪明的孩子谁都喜欢，而且从孩子未来的发展来说，一般而言聪明的孩子拥有更美好的前程。问题在于，在注重孩子智力发展的同时，一些家长却忽略了孩子合作能力的发展，忽视了孩子与他人一起生活、一起学习、一起合作的能力的发展。联合国教科文组织之所以又提出了“学会改变”的观点，就是有鉴于今天的孩子聪明但过于自我、过于自恋的现状。我们可以想想，一个有着聪明脑袋却难以与人合作共事的人，能够拥有幸福的人生，实现自己的人生价值吗？

那么，怎样才能让学生学会改变自我，走出自我中心的误区呢？

（1）引导学生心中有他人。一个过于自我的人，一般而言，他们的心目中只有自己，没有他人，或者很少装着他人。他们不论在何种情况下，总是希望别人按照自己的想法去行事，不能违背他们的意愿，否则，就是与他们过不去。仿佛他们的都正确，别人的都错误。课堂上稍微有一些自己不满意的现象，就大喊大叫，不在乎别人的感受，忽视了他人的存在，仿佛进入了无人之境，目中无人。目前，这样的学生数量不在少数，而是一大片，且有越来越多之势。

学生心中须有他人，以平等的心态与他人打交道，与同学打成一片。

这首先是心态问题，其次才是行动问题。教师要引导学生：能与同学、与朋友在一起学习，是一种缘分，大家都是平等的人，和睦相处、和谐相处才最重要，要尊重他人的选择，尊重他人的人格。自己与别人一样，都是班集体中的一分子，不能轻视他人，要学会尊重，心存敬畏。

（2）多开展班级集体活动。集体，既是一个群体，也是一个场域。整个场域就是一种氛围，一种人际交往的场所。一个好的班集体，就是一股教育力量，积极向上的教育力量。班级集体活动，可以让每位同学与其他同学交往、交流，以增进了解，加强感情。尤其是那些比较自我的同学，在与其他同学的沟通交流中，可以敞开自己的心扉，了解他人，接纳他人，从而不至于自高自大。例如野炊，就是非常好的活动，也深受学生的欢迎。又如拔河比赛，可以在班级小组之间进行，也可以与别的班级进行对抗……通过交流，可以了解其他同学的心灵世界和感情世界，就不至于将爱他人视为自己的“坟墓”。

（3）引导学生学会分享。人生的快乐有多种，与别人共同分享就是一种。 犹太教教规规定，信徒在安息日什么事都不能做，必须全天休息。但酷爱打高尔夫球的长老，忍不住一整天无事可做的无聊，竟然偷偷去打高尔夫球。

安息日里，球场上一个人也没有，长老认为不会有人发现，就安心打球。

但是，当长老在打第二洞时，天使发现了。天使跑到上帝面前告状。上帝听了，就说：我会好好惩罚这个长老的。

由于专心，第三个洞开始，长老打出了超完美的成绩——一杆进洞。

长老非常高兴。到打第七个洞时，天使又跑去上帝那里告状：上帝呀，你不是要惩罚长老吗？为何还不见有惩罚？上帝说：我已经在惩罚他了。

直到打完第九个洞，长老都是一杆进洞。因为打得太神乎其技了，于是长老决定再打九个洞。

天使又去找上帝了：到底惩罚在哪里？

上帝只是笑而不答。

打完十八洞，成绩比任何一位世界级的高尔夫球手都优秀，把长老乐坏了。

天使很生气地问上帝：他都乐成那样了！这就是你对长老的惩罚吗?

上帝说：你想想，他那惊人的成绩及兴奋的心情，却不能跟任何人说，这不是最好的惩罚吗?

原来，没人分享快乐是一种惩罚！

没有人分享自己的快乐，是一件难过的事情。相反，与别人分享自己的快乐，自己就多了一份快乐。因为当自己看到别人也因自己而快乐时，这就是一种快乐。

自我中心者，因为难以与人交流、交往，就把自我封闭了起来，快乐无人可分享，自然痛苦也无人可诉说。这是一种痛苦。

学会分享，既指把自己的好东西拿出来与别人分享，也指分享别人的快乐。自己的快乐与别人分享了，就是敞开了自己的心扉，把他人融进了自己的心灵，容纳了别人；分享别人的快乐，即走进了别人的心灵世界，与他人融为一体。这个时候，没有孤零零的个人存在，有的是与他人融为一体的我与他的存在。

（4）鼓励学生参与社区活动。社区是学生生活的大环境，也是他们除家庭、学校之外的又一个非常重要的成长场所。学生多参与一些社区活动，对自己的成长是十分有益的。参与社区的活动，学生的体会是真实的、深刻的，收获是丰厚的。

学生厌学，怎么办？

顾名思义，厌学就是厌恶学习，对学习不感兴趣。

在有的学校，厌学正像瘟疫一样，迅速扩散，很多学生都被感染了。

德育难题

学生厌学的表现有很多，主要有讨厌学习、对学习不主动不积极，或者直接排斥学校老师的教育。

我曾经教过的一个学生，非常懂事，非常乐观，见人总是乐呵呵的，总是主动与人打招呼，与同学、老师相处得很好，劳动也很积极。但他有一个非常大的缺点，就是不喜欢学习。一天到晚，对学习总是愁眉苦脸的，学习成绩当然也好不到哪里去。

对此类表现良好但不爱学习的学生，老师们还不算太揪心，真正让人头痛的是那些既不爱学习，又不遵守纪律的学生。他们的厌学行为具体表现为：

（1）缺乏学习兴趣，缺乏求知欲，没有好奇心，只是迫于外在压力，而进行机械、被动、应付式的学习。学习根本就无主动性、积极性可言，纪律表现和学习成绩都比较差，而且有越来越严重的趋势。

（2）学习注意力不集中。上课不认真，容易走神，经常发呆，经常做与学习无关的事，经常违反课堂纪律。精神萎靡，常打瞌睡，对作业很反感，直接抄袭他人作业或找别人替自己做作业。

（3）迟到、早退、旷课、逃学成了家常便饭，对老师和学校的学习要求，要么置若罔闻，要么故意抵触，个别的甚至弃学逃学。

问题诊断

厌学，就是学生对学习感到厌烦。厌学的极端就是逃学、辍学。

从现实中存在的厌学现象来看，学生厌学是对学习枯燥乏味的对抗。

我们的学校教育，按道理来说已经有几千年的历史了，尤其是21世纪的今天，应该办得让学习者满意，让学习者乐学，越学越想学。

理想很丰满，现实很骨感。这只是我们对教育的理想，对教育的畅想，现实并非如此。

学习过程的枯燥乏味，学习结果的功利化，让学习者感受不到学习带来的乐趣，他们所体验到的，是枯燥，甚至是痛苦。这样的学习，学生不厌才怪。

学生成天傻坐在教室里学习，放学后在家里，周末在家里，成天学习书本知识，与社会隔离，与实践绝缘，如此学习状态，学生焉能不厌？

比如现在就存在着农村孩子不了解农村的现象。课本里提到与农村相关的内容，那些农村长大的学生，很多内容都一问三不知。到野外捉一只虫子问问他们，也很少有几个学生能够说出虫子的名字。学习的内容与实际生活严重脱节。

本来，任何一门课程的知识都自来社会，来自实践，与社会实践密切相关。在它们被分成一门门课程之后，被系统化、专门化了，就与社会、实践脱节了。但是，教学中我们可以将其还原成与社会、与实践相联系的形态，让学生体验到知识的现实基础。只是现在的学校教育并没有这样做，而是坚守学科知识系统的界限，坚守科学课程之间的界限，与社会、与实践老死不相往来，课程之间老死不相往来，把丰富生动的内容变成了干巴巴的教条。这样，学生成了直接的受害者，厌学就成了必然。

这是目前学校教育、学校德育工作中的严重问题。

课程知识以什么样的面目面对学生，面对学生的学习，这是我们长期没有得到解决的问题，教育中的一些问题都与此相关联，包括学生厌学的问题。

当然，知识以什么样的样态存在与以什么样的样态传授并非一回事。但目前，学校教育中没有很好地进行区分，几乎成了同一个问题。体现在实践中，就成了教师的照搬课本、照本宣科。而实际上，教师本来有很大的处置知识的空间。可是，教师并没有对知识进行适合学生心理需求的处置，一般都是课本知识的搬家，最多做一点顺序上的简单处理。

学生厌学，还与学习目的有关。学习就是为了考试，考什么学什么，怎么考怎么学，考多少学多少，以考来引导、指挥学，这样的学习怎不让学生厌？这一点，我们都心知肚明，不用再阐述了。

家长期望过高，学生学习压力过大，也导致了厌学。这是来自外部的原因。家长常常不顾孩子的实际情况，提出过高的要求，让孩子难以承受。尤其是在大城市，一种攀比的风气让孩子承受着巨大的压力。强迫孩子学外语，学弹琴，学画画……孩子一旦达不到要求，则进行责骂乃至处罚。这样，由于学习不好而遭到责骂、处罚，学生当然厌恶学习了。

破解策略

要让学生从厌学的状况中走出来，目前来讲是一个比较棘手的问题。尽管应试教育的大环境、大背景没有多大改变，但让学生爱上学习，教师还是可以有所作为的。

我们不能等，不能等到大环境改变了，再来改变我们自己的工作。教师必须以主人翁的态度，站在时代发展对教育、对人才的新要求的高度，让学生爱上学习。否则，学生厌学状态很难得到改变。

教育大环境不变，教师可以改变自己，把自己变得更加接近学生，更加亲近学生，为学生的成长发展服务。

（1）让学生爱上学习。学习，是一个复杂的过程，受多种因素的影响。但最为重要的影响来自教师的教学。让学生爱上自己的课，这既是教学问题，更是教学伦理问题。实际上，这也是道德问题，教师就应以更加人道的方式进行教育。让学生爱上学习，就是一种人道的教学。改变知识的存在形态，以学生容易接受的方式传递给学生，这是非常重要的。例如把文字形态的知识，改变成图像解说的形态，把简单的知识传授变成课堂对话的形态……知识形态的改变，意味着整个教育理念的改变，学生的厌学问题，解决起来就不那么困难了。尤其是思想品德课之类的德育课程知识的传授，以课本中原生态的知识形态呈现在学生面前，学生就可能感到乏味。如果与社会生活联系在一起，变成案例进行教学，知识的面孔就大大改变了，学生接受起来就容易了。

（2）引进生活之水，浇灌课堂田地。这是新课程以来比较响亮的口号。现在的问题是雷声大，雨点小；口号响，实践差。学生从中得到的实惠并不多。所以，课堂的枯燥现象仍然普遍存在。

（3）走出课堂，走向社会。这更是课程教学的需要。初春时节，一些学校生物兴趣活动组的同学被老师分成小组，到野外平坦的田野中采集植物标本。这样的学习，就比简单的课本知识传授，更能引起学生的兴趣。

（4）游戏教学。这是目前比较受欢迎的方式。传统游戏，新兴游戏，学生都欢迎。例如，在一节英语课上，教学目标是对四个简单的表示动作的英语单词的掌握：jump、swim、run、walk。一位英语教师打破常规，采用了游戏的方法，让学生以竞赛的方式加强对教学内容的理解和记忆。再如，在美国的一堂历史课上，教师没有传授并讲解知识，他只是让学生去把课文内容改编成电脑游戏。学生兴趣特别浓厚，还把作业带回家。学习的结果就是在课堂上展示自己的游戏作品。这样的课，学生还会厌学吗？

美国心理学家布鲁纳认为，对学生而言，最好的学习动力莫过于对所学材料有内在兴趣，而最能激发学生兴趣的又莫过于游戏。在游戏教学中，教师融合特定的教学内容于游戏中，变静态教学为动态教学，学生在轻松、愉快的氛围下有效学习，掌握知识和发展能力。游戏教学，可以活跃课堂气氛，学生在轻松愉快的心情中激发起学习兴趣和学习主动性。

其实，这样的教学，也是可以应对考试的。因为学生知识掌握得扎实，运用得灵活，应付考试，问题不大。

（5）与家长多沟通，引导家长提出适合孩子的要求，这是教师与家长共同的责任。应与家长多沟通，多联系，让家长多了解孩子的学习状况，了解孩子的潜力，对孩子提出合适的要求，以切合学生的实际水平。

学生叛逆，怎么办？

叛逆，顾名思义，就是反叛的思想、行为……忤逆正常的规律，违背他人（比如孩子违背父母）的本意，常常做出一些意料之外的事。对学生而言，叛逆是一种长大了的自我感觉，是一种强烈的自我表现欲，是标新立异，希望引起别人注意的表现。

德育难题

学习成绩一般，自尊心特别强，性格倔强，个性突出，逆反心理非常明显。经常顶撞老师，和老师发生冲突，抵触情绪非常强。老师越反对的事情，他就越要去做。老师批评他时，他的眼睛总是直视着老师，一副不服气的样子，常常和老师顶嘴。有的时候，老师说一句，他说两三句，甚至更多。

以上描述，老师们可能感到非常熟悉，甚至可以说，已经司空见惯。

下面的这位学生，叛逆就比较典型了。

有这样一位学生，公开声称：自己的行为规范肯定与学校的要求相违背，他的目的就是想挑战学校的规范，想追求自己想要的自由。他说自己想通过破坏学校的规章制度获得快感，他觉得自己的生活太无聊。他还特地举例说，自己故意不穿校裤，而且还希望能带动其他同学一起不穿，想挑战学校的规章制度，看看学校能把他怎么样。那么，他想要的自由是什么呢？他所追求的自由就是在校可以抽抽烟，可以打打群架，可以迟到旷课，可以拉帮结派等等。他甚至说想揍某某老师。

这样的学生，并不少见。

问题诊断

叛逆期的学生，主要存在着以下特点：

1. 盲目性

处在青少年期向青年期发展过渡阶段的学生，精力充沛，好奇心和探求能力都有了很大的发展。他们喜欢猎奇、好问、好动，且比较执著。可是，他们的心理发展水平与此不相适应，因此，思想就显得比较偏激，他们经常为一种“找不到正确的活动途径、有劲无处使”的状态而焦虑。因而，他们总是想方设法寻找突破口，漫无目的地行动，比较任性。有逆反心理的学生，一事当前，无论正确与否，不管三七二十一，都一味抵制，甚至反其道而行之；凡事不管是否可行，都不计后果，随心所欲，感情用事，缺乏冷静思考。前文提到的那位想挑战规则的同学就是这样，做事不考虑后果，只顾眼前的快乐。

2. 社会性

现在是个信息发达的时代，学生获取信息的渠道日益丰富，他们与外界保持着紧密联系，因而，他们信息接收量大，知识面也比较宽。但他们的鉴别能力不强，信息筛选能力也不强。一些不良信息，也泥沙俱下般涌进来。学生接触到的此类信息，给他们带来了消极影响，使他们产生了消极情绪，造成他们难以静下心来冷静思考、合理择取，因而往往感情用事，容易偏激，产生逆反心理。例如未成年人染发，就是受了社会的影响。虽然学校、老师和家长都反对，但仍然有学生我行我素，一意孤行，唱着反调，偏要染发。

3. 自发性

学生的逆反心理是自发的，是对社会存在的直接反应，没有人在策划和指使。同时，逆反也缺乏具体的目标指向。此时，该做什么与不该做什么，他们经常心中无数，比较任性，常常不受约束，不听劝告，胆大妄为，只要眼前痛快了就行。

4. 可变性

中学阶段，学生的独立自主意识比较强烈，但是他们的价值观、理想信念尚不稳定，易变化，而环境的诱惑力强，且多种多样。所以，他们尽管想独立自主，但能力不济。他们思想不成熟，未完全定型，可塑性比较大。有的学生，虽然具有逆反心理，但并非时时处处都逆反，而是受到环境、条件变化的影响。而且，在教育的影响下，逆反心理可能发生逆转，具有可变性。因此，老师、家长要多费心思，促使其转化。

心理学理论告诉我们，儿童的逆反心理一般出现在 3 ～ 5 岁及 12 ～ 13 岁。但也不必然如此。他们的任性和逆反心理更多的是后天教育影响不当造成的。3 ～ 5 岁时，家长溺爱、娇惯、放任、迁就，就很容易造成孩子任性。例如孩子提出的任何要求，家长不拒绝，试图通过其他手段让孩子乖乖放弃。但是，当孩子以在地上打滚或其他比较激烈的方式继续哭闹时，家长就可能因过分疼爱而妥协，满足孩子的愿望。这样做，等于纵容了孩子。其实，也即是在告知孩子：只要你“不吃饭”“大哭大闹”“满地打滚”进行要挟，你最终都能够如愿以偿。这就使本来就任性的孩子变得更加任性。随着孩子的成长，任性的因子日益得到强化，家长就可能无能为力了。孩子身上的任性，就变成了叛逆。所以，家长必须明白，纵容孩子，就是培养孩子的任性，就是培育孩子的逆反心理！

另一方面，家长对孩子过分严厉或者不尊重孩子，也会造成孩子任性或逆反。家长如果对孩子要求过高，孩子难以达到，就容易产生逆反和抵抗。久而久之，就变得任性。另外，父母亲在教育中，常常不顾及孩子的自尊心，不论什么场合，也不管什么人在场，只要发现孩子的毛病，他们不调查不了解，不分青红皂白，主观猜测，来一顿训斥。这种现象极为常见。尽管家长们的主观愿望是好的，但客观上却忽视了尊重孩子，让孩子丢了面子，使他们感到自我形象和自我价值受到了贬低和损害。于是，为了保全自己的面子，逆反心理就产生了，他们就不自觉地和家长对抗起来。然后，他们就把逆反心理带进了学校。叛逆的极致就是离家或离校出走。

破解策略

北大保安成功逆袭的消息曾引起热议。消息内容为：过去 20 年，北京大学保安队先后有 500 余名保安考学深造，有的甚至考上研究生之后当上大学老师。

作为老师或班主任，对于那些叛逆的学生，该怎样进行教育引导，使他们走向人生的辉煌？保安都能通过努力改变命运，更何况是成长中的学生呢？

（1）“知其不可而为之”。知道做不了还认真去做，这就是“知其不可而为之”的意思。叛逆期的孩子，在一些家长的眼里，被“判了死刑”，成了不可救药的孩子。家长把孩子送进了学校，送到了我们这里，就是寄予我们莫大的期望。作为教师，我们不能辜负了家长的厚望。

目前，做好叛逆学生的工作，是学校德育工作的重要内容。叛逆学生，由于曾经与老师有不愉快的经历，担心老师打击报复；老师也会因为长期与叛逆学生打交道，担心学生接受不了，甚至反感老师。

实际上，这样的担心是多余的。对老师而言，转变学生是自己的职责，让学生健康快乐成长是德育工作的根本目的。如果教师没有“知其不可而为之”的工作精神，转化工作就真的难以展开了。

（2）正确看待学生的叛逆现象。叛逆是人生长发育过程中正常的心理现象。老师应该坦然面对，宽容对待。尤其是当学生出现逆反心理时，不能急躁，更不能口不择言，讽刺挖苦学生，这只能是火上浇油，激怒学生。此时，老师最需要的就是冷静，让学生的心头之火在老师的冷静中被浇灭。

我们一定要明白，老师表现得越强势，学生就越来劲，越想与老师作对。如果老师的声音很大，说话难听，学生的声音就会比老师的声音更大，话更难听。此时，老师就可能威严扫地了。老师如果骂学生一句，学生就可能骂老师两句，甚至更多。因为在学生的心里，老师不该骂人，老师竟然骂人了，所以，他们就对老师骂人的行为感到恼火，就会变本加厉。所以，冷静面对最好。

（3）加强自身修养。老师要把尊重、呵护学生的理念，时刻、永远装在心里，保证不说错话，不说脏话。这不是随便就能做到的，需要一定的修养。有时候，老师看到学生有不良表现，尤其是顶撞了自己的时候，容易激动，容易说错话，容易说脏话。这时，老师很容易被学生抓住“辫子”，从而进行反击。一些师生之间的冲突就是在这种情形下发生的。老师需要克制与冷静，避免把事情复杂化，扩大化。

小佳是个曾让李老师头痛的女孩。她思想叛逆，穿着前卫。学校关于仪表的规定，她嗤之以鼻。她经常违反校规，好多次不穿校服就来学校，且经常戴首饰、涂指甲油来上学。

对她的这些表现，李老师苦口婆心地教育，但收效不大。她对老师的抵制是很明显的。有一次，李老师与小佳的矛盾更加激化了。那天，她又涂着指甲油来上学，老师十分生气，拉起她的手就让她擦洗掉。没想到，此时她的脾气比老师还大。李老师当时认为这孩子无可救药了。幸亏陈老师及时化解了矛盾。事后，李老师也意识到自己不够冷静。

后来，办公室只留下李老师和小佳，此时的小佳已满脸是泪。老师拿毛巾帮她擦掉泪水，也希望她原谅老师的冲动。有了一次心与心的交流，老师趁机告诉她：人的衣着反映人的内在修养和教养，人真正的美在于内在的品质……也许很多的道理她并没有真正地领悟，但是她感受到老师的真诚和关心，这之后她的表现逐渐好转起来。有一段时间，她生病住院，李老师组织学生去看望她。出院后，她变得很懂事，学习也比以前用功了，特别是仪表方面已基本不用老师操心了。

尊重、关心与呵护，软化了小佳的心。

（4）公平公正，一视同仁。学生最讨厌老师的行为中，偏心不公正是其中之一。而且，有的时候老师处理问题即便是公平公正，也仍然会有学生感到不公平、不公正。老师就要多进行解释，让学生明白其中的道理。否则，会使简单的问题进一步复杂化，那就难以收拾了。曾经，在我的语文课上，一男孩经常偷偷玩手机。尽管我多次提醒，他仍然置若罔闻，我行我素。一天，他埋头在抽屉里玩手机，我悄悄走过去，一把夺了过来。

他当时并没有反抗，也没有多说话。但从此，他在语文课上，更加消极，有意不认真上语文课。我委托他的亲戚，也是我的同事，去问个究竟。没想到，他认为我的做法不公平。班上其他同学也玩手机，为什么偏偏与他过不去？原来如此。于是，我把他找来，与他把道理讲清楚。我告诉他，老师的处理并非不公平，而是当时没有发现其他同学也在玩手机，如果发现了，老师也会一并处置。

从此，该学生再也不会有意不认真上语文课了。

（5）冷处理。事情已经发生后暂时晾在一边不管，有了适当机会时再作处理。有叛逆心理的学生，有的时候是故意气人，故意与老师作对。他看到老师被气得脸发红，嘴发紫时，他的心里就萌生快意。此时，最恰当的处置方法就是暂时搁置，不去理睬。等过了一段时间后，再去处理。

张老师和班上的同学关系一直不错。有一个学生表现不错，学习成绩也还好，居班级中上水平，很稳定。老师估计他能够考上一本或二本，上二本的概率很高。老师的想法是让他争取上一本。高二将要结束时，张老师找来他的家长，想和他家长探讨一下，如何提高学生的成绩。没想到，这件事居然把他惹恼了，在家长走后，他冲着老师大喊大叫。他认为老师没有权利把家长叫来。叫家长来，是把他当作坏学生看待。这件事没有征求他的意见，是对他的不尊重。他一边喊，一边眼泪刷地流下来，老师一脸尴尬相。张老师没有理睬他。在他平静下来后告诉他，老师并没有恶意，没有说他半句坏话。但是从那以后，这个学生几乎和张老师对着干了。不管老师说什么，他都要在背后捣蛋一下。有一次，他竟然当着张老师的面说张老师不是一个合格的班主任，而是把学生看作自己的儿子，但老师没有权利像爱自己的儿子一样，想怎么爱就怎么爱。考虑到高三学习任务很重，学生心里比较紧张，张老师只好强压着自己，不去理他了。他不完成张老师所教学科的作业，上课不专心听讲，张老师也不找他，由他自己去判断，作出选择。靠着冷处理，该学生顺利地通过高考，考上了一本。那年 10 月的一天，张老师接到了他的来信。信中，他对张老师表示了感谢，并请老师原谅他原先的不是。

（6）宽容。学生永远是孩子，老师要允许他们犯错误，对他们不放弃不抛弃。在学生面前，老师绝对不能斤斤计较，否则，会被学生瞧不起。西方有一句话：“年轻人犯错误，上帝都会原谅。”说的就是对年轻人犯错误要有一种宽容的态度。作为老师，用这样的心态去面对学生，尤其是那些具有逆反心理的学生，老师的形象才是他们可以接受的，否则，问题可能会更糟糕。

学生心理焦虑，怎么办？

焦虑是一种负面情绪，是指人过分担心不良后果会发生在自己及亲人身上，并造成严重危害的一种心境。比如中考、高考前，有的学生总是觉得自己没复习好，因而紧张担心，这种情绪就是焦虑。

德育难题

王敏是一位学习非常努力的好学生，学习成绩比较优秀。他转到一所重点学校后，感觉到这所市重点学校要求比原来的学校高，家里的期望也更高了。因此，心理压力特别大，心里不知不觉就变得沉甸甸的。从进这所学校校门的第一天起，他就把所有时间和精力都用在了学习上。学习成绩也的确比原先更好了，但压力太大了，他很怕遇到老师和家长的目光，考试时就更紧张了，害怕考不好，对不起老师和家长。考试的分数像一块巨石压在他心上，久久不能搬去。

案例中的现象，在重点学校比较突出。心理焦虑是学生学习和成长过程中经常遇到的一种情绪，对他们的健康成长极为不利。

问题诊断

学生的主要任务是学习，对学习的焦虑是他们生活和学习中的主要问题。而学习上的焦虑，又主要来自于考试。考试焦虑成为他们的心理负担。

学生的考试焦虑，主要有以下特点：

（1）情绪焦躁波动大。一般学生面对考试时，会呈现适度的紧张状态。这种适度的紧张，会给当事人一定的压力，也会激活他们的神经系统，使他们处在一定的兴奋状态，以便更好地应对挑战。但是，真理向前迈进一步就会成为谬误。紧张过度就会出现情绪激动、慌张、脾气暴躁、不能自制等现象。学生的考试焦虑就是这样。焦虑过度，就会出现不良反应。

（2）心浮气躁。中考、高考冲刺阶段，有的学生可能感觉自己什么都会，一会儿看几眼这本书，一会儿又拿那本书瞅几下，总静不下心，注意力不能集中，精力分散，经常走神，干什么都不安心，心浮气躁，巴不得立即考完。这样的心态，将严重影响学习和考试。

（3）反应迟钝、健忘。注意力遭遇障碍，集中不起来；感知遭遇障碍，例如视听困难、感受性降低，甚至看错了试题要求；记忆力遭遇障碍，平时熟记的东西回忆不起来，一出考场就想起来了。总之，反应迟钝、思维混乱。

（4）食欲不振、失眠。考试焦虑，其实就是身体过于紧张，其程度超出了应对考试所需要的正常紧张水平。过于焦虑，在身体上可能出现睡眠不好、疲乏无力、胃口变差、手脚出冷汗、肌肉紧张、心跳加速、感冒，甚至头晕等反应。

（5）反复检查试题。有的学生，复习方法不对头，掉进了题海。他们每天很紧张地做题，担心复习有所疏漏。一发现难题就着急。做错的题固然要重做，做对的题仍然不放心，也必须重做。这样，他们往往觉得时间不够用。考试焦虑让他们忘记了正常的学习态度与学习方法。

（6）厌学、怯场。一些学生一想到考试就觉得很无奈，认为反正考不好还不如不考；一些学生即使拿到卷子，也只是马虎答题，而不是认真地一步一步答题。这些现象的出现，也是考试焦虑所致。

中学生正处于青春期，生理和心理都趋向于成熟阶段。同时，他们面临着竞争升学的压力和繁重的学业负担。各种因素的综合作用，使他们的心理复杂性不言而喻。

考试焦虑产生的原因比较复杂，主要有如下几方面：

（1）原先考试失败带来的心理创伤。现在仍然心有余悸。

（2）老师和父母的批评指责。学习焦虑是因为怕学习成绩不好将受到老师和父母的批评，怕被别人瞧不起，怕被同学讥笑……

（3）屡次考试失败，缺少成功的体验，逐渐产生了学业自卑感。

（4）学业准备不足。平时不够努力，准备不足，能力差，对考试缺乏信心。

（5）错误认识。错误看待考试结果和他人的批评，因而产生己不如人的想法，对学习与考试缺乏必要的信心。

破解策略

为学生解除烦恼，缓解心理压力，是教师的天职，我们必须付出自己的努力。

（1）切实帮助学生。一般情况下，学习成绩较优秀但心理素质较差的学生产生考试焦虑的可能性较大，他们更需要老师的帮助。老师要帮助他们提出合乎自身实际的奋斗目标，避免因目标过高而产生焦虑情绪。例如，对一位平时考试分数在400分左右的高三学生，如果提出考取一本的目标，就明显过高，难以达到。倘若目标定位在二本，则有盼头，使他们减轻压力，卸下沉重的心理包袱，甩掉一切顾虑。当然，还要与他们的家长多沟通，多交流，与家长共同努力。因为学生的考试压力很大一部分来自家庭。缺乏家长的配合，老师的工作可能就要打水漂。老师更要帮助学生分析他们在班级中的地位及与班上同学的关系，以解除他们对自我形象会受影响的担心。例如有的同学总是担心如果考不好，会遭到班上同学的嘲笑，这个时候，老师就要多亲近他们，帮助他们解除顾虑，轻装上阵，力争考出好成绩。

当然，学习上的帮助就更是不可或缺的。考前要帮助所有学生，指导他们要及时调整好自己的学习方法与学习策略，以便满怀信心地更好地走进考场，参加考试。

（2）教会学生积极的心理暗示。积极的心理暗示就是个人对自我心态一种主动的、有意识的调控策略，以使自己尽量感受到正面的情绪体验。例如，有的学生在开始复习时心中默念三遍："我能复习好""我有能力复习好"。考试过程中如果遇到难题，也可这样进行自我暗示：这题不仅难倒我一个人，大家都一样。这样一来，心理就可以得到放松。

（3）让学生以平常心态对待每一次考试。适度的紧张、焦虑对学生是有益的，但过度焦虑则可能导致学生的植物神经功能紊乱，出现紧张、气急、恐惧、出汗、发抖、心慌等现象，人的意识范围变窄，注意力无法集中，思想清晰度变差，记忆力受到抑制。这就需要以一颗平常心对待考试。

周国平说："世上有一些东西，是你自己支配不了的，比如运气和机会，舆论和毁誉，那就不去管它们，顺其自然吧。世上有一些东西，是你自己可以支配的，比如兴趣和志向，处世和做人，那就在这些方面好好地努力，至于努力的结果是什么，也顺其自然吧。"

老师要告诉学生，世界上的好东西谁都想得到，但不是每个人都能如愿以偿，总有人得不到。最为重要的不是什么都能得到，而是要有一颗平常心，得失都不要过多放在心上。考得好，固然值得高兴，但也不必过多记在心里；考砸了，也不必须过分伤心，毕竟还可以重来。

拥有良好的心态，才能有良好的考试心理，才能考出真实的好的成绩。

（4）教会学生适时放松。大脑过度疲劳无助于搞好学习，不懂得休息就不懂得学习，劳逸结合才是最好的方式。紧张的学习之余需要适当地放松，可以听听音乐、唱唱歌、洗洗澡、看看喜剧片、外出旅游，以及保证充足的睡眠。这些，都有助于放松自己。

以上主要针对学生学习方面的焦虑，至于其他方面的焦虑，最为重要的是教育学生要有一颗平常心，用一颗平常心来对待一切。不要过度高看自己所追求的东西。

周国平告诉我们："我们不妨去追求最好——最好的生活，最好的职业，最好的婚姻，最好的友谊，等等。但是，能否得到最好，取决于许多因素，不是光靠努力就能成功的。因此，如果我们尽了力，结果得到的不是最好，而是次好，次次好，我们也应该坦然地接受。人生原本就是有缺憾的，在人生中需要妥协。不肯妥协，和自己过不去，其实是一种痴愚，是对人生的无知。”

让我们的学生记住这段话吧。

学生内心冷漠，怎么办？

事不关己，高高挂起，不是自己的事情，不去关心。这反映了人的一种麻木的心态，认为事情完全与自己无关，搁在一边不闻不问。2011年10月13日，发生在广东佛山的“小悦悦事件”折射的就是典型的冷漠心态。那天，2岁的小悦悦相继被两车碾压，7分钟内，18名路人路过竟然都视而不见，漠然离开。这使整个社会产生了强烈震荡，也让“冷漠”这一词汇成了热词。

一个农场主在粮仓里放了个老鼠夹子。老鼠告诉母鸡，母鸡不管。老鼠又告诉肥猪，肥猪说：“这是你的事。”老鼠告诉了大黄牛，大黄牛反问：“老鼠夹子能夹到我？”后来，老鼠夹子夹到了一条毒蛇，这条毒蛇咬到了女主人；男主人杀了鸡给女主人补身子；有亲戚来看望女主人，男主人把猪杀了接待客人；女主人看病花了不少钱，男主人把牛给卖给了屠宰场还债！

这虽然只是一个故事，并不是现实，但它告诉我们：人世间的事物都是密切相关的。冷漠，有时候会让自己受伤。

德育难题

这是一件真实的事情：

2016年1月14日上午9点20分，江苏泰兴济川中学期末考试第二场政治历史考试。11点20分，考试结束铃声响起，本该通知学生停笔交卷的该校音乐教师吴老师却像“睡着了一样”靠在椅子上一动不动。一两分钟后，几名学生走上前喊吴老师收试卷，喊了几声未见有反应。学生立刻喊来隔壁考场的老师，校长也随后赶来，将吴老师送往医院抢救，但一切都晚了。吴老师已经去世，原因是心脏骤停。

一位考生家长从自己女儿那里得到了这一消息，该家长在微信朋友圈中不由得发出了这样的慨叹：“昨天中午放学回来，女儿谈到监考老师死了！那表情，那语气，没有一点点的怜惜！”该家长还回顾说自己的孩子会为了一只狗、为了螃蟹难过，上幼儿园会照顾周围的小朋友，但对老师在考场上去世这样的事居然如此麻木。

一位网友在评论中说：“已经读初中的学生，竟然能在吴老师最后的挣扎呻吟中平静地做题，是考试太投入、太认真了？还是他们太过无知，对于眼前发生的一切，看不出其中的危险？”

学生对身边人、身边事的冷漠态度，竟然到了这样的程度，的确让人不得不深思。

学生身上的冷漠还有很多表现，但最为严重的就是对生命的不关心。

问题诊断

有一首流行歌曲这样唱道：为你付出了这么多，你却没有感动过。

它唱出了当今社会许多人的心声。我们呼喊热情，呼唤激情，呼唤对生命的尊重与关爱。但青少年学生身上，却表现出超乎想象的冷酷无情，有时候真让人感到寒心。

目前，体现在青少年学生身上的冷漠，主要有：

倦怠性冷漠。当前，学校片面追求升学率，学生长时间生活在枯燥乏味的学习环境中，容易倦怠、厌烦、疲劳。更让人忧虑的是，这种倦怠性冷漠情绪更可能出现在成绩优秀的学生身上，且像传染病一样蔓延开来。

忧郁性冷漠。学生对自身所处的境遇不满，容易产生严重的失落感。例如，原先的校园环境、生活条件好于眼前的学校，就容易产生失落感。因此，在现在的学校，他们就郁郁寡欢，精神萎靡，缺乏自信，变得冷漠起来。

孤独性冷漠。人是喜欢群居的生物，害怕孤独，喜欢热闹，这几乎是人的天性。而独生子女从小生活在大人包围之中，没有兄弟姐妹，缺少玩伴，精神孤独几乎成了他们的本性。在家里，他们不需要关心别人，却能够充分享受到他人的关心与厚爱。他们天生就缺乏对人、对事的关爱之心。所以，在他们的心目中，自己就是一切，一切都以自我为中心，对他人的本能排异导致了冷漠对待一切。

信仰性冷漠。现实社会中，难免会有一些阴暗面，有的学生可能对原先的信仰产生了动摇，自己原先所信仰的东西，都是虚假的，不值得再相信了，于是便对社会中的一切产生了冷漠之情。这是最值得深思的冷漠，也是对人的影响最为深刻、最大的冷漠。可以说，其他方面的冷漠，均与此有关。

信任性冷漠。怀疑一切成为当今社会上一些人的通病。受成人的影响，孩子自然会对他人也缺乏最基本的信任，甚至包括自己的父母在内，很多孩子通常以保护个人隐私为由拒绝对父母或老师说心里话。

由此可见，冷漠就是对人或事物冷淡，不关心，缺乏必要的感情、关爱，心目中除了自己，没有其他。感情的缺乏，是内因。冷漠的极端是自私，极端的自私是除了关心自己外，别人统统不在其眼里和心里。

破解策略

要让孩子走出冷漠的心理，需要学校、家庭的共同努力。

1. 家庭应该怎样做

家庭是孩子生长的第一个场所，父母亲是孩子的第一任老师。父母亲怎样才能让孩子不冷漠？

张敏已经9岁，是父母亲的小心肝，天冷，就怕她冷着；天热，就怕她热着；别人家孩子有的，她也不缺；哪儿不舒服了，父母巴不得病在自己身上……但是，父母对她无微不至的爱，换来的却是她的自私和冷漠。

每天放学回家，张敏一进屋就喊：“我都快饿死了，饭做好了吗？”有一次，妈妈生意忙，中午回家稍微迟了一点儿，她竟没好气地说：“妈妈，你怎么搞的？饭都还没做。我还要上学呢！”妈妈只是说了句：“我都快累死了，体谅一下我嘛。”没想到，她竟然这么说：“妈妈是大人，还要我体谅，像什么话？”好像体谅妈妈是不应该的。还有一次，妈妈生病，发了高烧，想喝水，就叫张敏帮倒杯水，她竟说：“等爸爸回来倒吧，没见我正忙着吗？”实际上，那时她在玩电脑游戏。

对自己的父母亲都这种态度，几乎没有感情，没有关爱，对别人就可想而知了。

要让冷漠的孩子变得热情，得从家庭做起，教师要与孩子的家长联系沟通，要让父母亲：

（1）教会孩子做人的基本知识。这是克服孩子冷漠心理的首要条件。家庭是孩子品德形成和发展的摇篮。孩子需要呵护，更需要道德教育。良好的行为习惯、礼貌礼节等，都需要父母的引导。例如，好吃的东西总是给孩子，差的给大人，家长认为理所当然，孩子也欣然接受。久而久之，孩子对此习以为常，仿佛那就是他们应该享受到的，但随着孩子年龄的增长，自私、霸道、吆五喝六，越发自然，父母亲就不在其眼里了。而当父母发现孩子身上所存在的问题，意识到需要进行德育教育时，孩子的道德心理已经成形，积习难改了。因此，父母应教会孩子懂得感恩，要有一颗善良的心，一颗感恩的心，并付诸行动。

（2）成为孩子关心他人的榜样。言传身教，榜样的力量是无穷的，也是最有效的。逢年过节给老人买东西、送礼物，这是无言的表达，孩子看在眼里，记在心里，长大了就会模仿。

（3）营造互相关心的家庭氛围。温情的家庭氛围对孩子的爱心培养起着潜移默化的作用。相反，如果父母经常争吵、谩骂甚至大打出手，使孩子时常处在恐惧、忧郁、仇视的环境里，在教育孩子要学会关心时，父母亲的腰杆子还能那么直吗？说话还能那么硬气吗？孩子真会听吗？家庭成员间要互相关心，特别是夫妻之间要恩爱和体贴，营造一个良好的家庭氛围。这对孩子来说，胜过千言万语。

（4）让孩子了解家庭生活中的一些真实情况。可以让孩子了解父母亲的一些喜怒哀乐，就如父母亲要了解孩子的喜怒哀乐一样，让孩子在了解中学会关爱，抛弃冷漠。

（5）让孩子做一些力所能及的事。勤快的孩子更懂事，更懂得关心体贴别人。家长要慢慢地教会孩子做一些力所能及的事，让孩子体验到他人的甘苦。

（6）不给孩子特殊待遇。不论何种家庭，都要尽量避免给孩子特殊待遇，不能无条件地满足孩子的要求。要让孩子知道自己与别人是一样的，没有任何特殊之处。这样可避免孩子养成优越感，以免他们以自我为中心。孩子如果提出不合理的要求，家长要懂得拒绝，切莫心软。

（7）鼓励孩子关心帮助他人。家长要教孩子怎样帮助别人解决困难，也可带孩子参加一些募捐活动。当然，捐赠需要在经济条件许可的范围内进行，教育孩子不能盲目，也不能漠视。通过实际活动，让孩子去认识社会，认识人，养成关爱他人、助人为乐的精神。

2. 学校应该怎样做

学校是教育孩子的专门的场所，而教师是教育孩子的专业工作者，承担着更多的教育、引导学生的责任，在引导孩子走出冷漠心理方面，更可以大有作为。

（1）学校要高度重视学生道德教育问题，研究学生的心理活动，教育学生并提高他们自我教育意识，这是克服学生冷漠心理的基础环节。教师要多观察学生，有针对性地对学生进行心理方面的教育，对学生日常交往中所表现出来的现象，进行针对性分析与评价，好的方面给予肯定、鼓励，不好的方面则帮助他们改正，以提高他们明辨是非的能力。当然，更重要的工作是，要引导学生学会对自身的所作所为进行分析和评价，从而懂得怎样善待自己、善待别人，正确处理自己与他人、自己与社会、自己与班集体的关系。乐人之乐者，人亦乐其乐；忧人之忧者，人亦忧其忧。付出才有收获。

（2）学校应多组织社会实践活动，如社区活动、社会调查，加强实践锻炼，陶冶学生的心理品质，做到德育和心育有机结合，这是克服学生冷漠心理的关键环节。

以上措施针对的是学生整体，针对学生个体，可以采取以下措施：

（1）引导学生客观认识自己。要教育学生正确地评价自己。“人贵有自知之明”，要教育学生正确地表现自己，不能盲目，自己心里要有数。

（2）引导、教育学生正确地补偿自己。一是懂得勤能补拙，二是懂得扬长避短。

（3）要培养学生的爱心，让他学会与人分享，学会关爱。这一点对现在的独生子女尤其重要。

（4）培养学生与人相处的能力。一个孩子如何与人相处，对他的一生有重要影响，一个人要成功，必然需要有良好的人际关系作支撑，而要培养良好的人际关系，必须学会如何处理人与人之间的矛盾。不论是学校和家长，都应该注意从小培养孩子理智、灵活处理人际矛盾的技巧，这比任何一门技能都重要。

3. 班主任应该怎样做

（1）在班级建设中，班主任要给学生创造温暖的环境。缺乏对生活的感动就会导致冷漠。学生身边，并不缺少足以感动他们的人和事，只是由于学生常常视而不见，听而不闻罢了。要让学生体验到班集体的温暖，不妨布置这样一项作业：每位同学用一周时间去发现身边同学的优点或发生在同学身上的感人事迹，开展“值得佩服的同学”之类的主题班会，让同学在班会上交流发现。这有助于互帮互助、互关互爱班风的形成。

（2）良好班风的形成，要求亲师信道。班主任可以利用自己是搭建在学生与任课老师间的桥梁这样的条件，积极创造条件，为他们之间的交流提供空间。可以开“我和我的老师”之类的主题班会，让学生畅谈自己与老师的交往，也让老师谈谈自己与学生的交往，从而增进师生之间的情谊。

（3）用诚心对待每一位学生。老师自己不要冷漠待人，要真心诚意对待每一位学生。

（4）不漠视学生的细微举动。教师与学生因缘分走到了一起，相处的时间只有短短几年，但这短短几年对学生成长的影响是深刻的。学会感动是学生成长过程中重要的情感态度。我们知道，让人感动并不需要什么惊心动魄的大事，美丽人生是由无数个感人细节构成的。教师要善于捕捉住学生身上那些细微的情感表现，在这方面做足文章。学生的成长也需要感性的呵护，而不能仅仅是理性说教。苏霍姆林斯基说："对孩子的热爱与关怀，是一股巨大的力量，能在人身上树立起一切美好的东西。""有爱心的人必定是一个懂得感动的人，感动是与人相处的润滑剂，感动于他人的帮助，感动于他人的忏悔，感动于他人的真诚，感动于他人的美丽；感动是与生命的对白，感动于小草破土而出，感动于夏日的一缕清风，感动于落叶魂归大地的壮烈，感动于第一片雪花消融在脸颊……懂得感动才是健康的人性。"

当学生学会了感动的时候，还有冷漠存在的空间吗？

第三辑

班级建设棘手问题的诊断与应对

班级是学校的重要组成部分，班级工作是学校工作的重要基础。班级工作做好了，学校的工作就成功了80%。在选好了班主任之后，抓好班级工作，就成为学校工作的重点。

班级就是小社会。一个班，学生来自不同的家庭。他们在经历、思想基础等方面，各不相同，构成了一个个班级“万花筒”。班主任所面对的，就是这些个性鲜明的学生，最终使他们各得其所，健康成长。

班级建设，总是在不断地解决问题、克服困难中前进的。

面对一个个具体的问题，班主任该如何一一破解？

班级建设无特色，怎么办？

班级组织是学生成长的重要场所。班级建设抓什么，怎样抓，这是很多一线班主任面临的具体问题。

通常情况下，建立班级组织，建立规章制度，提出奋斗目标（学习上的）……这几乎是每位班主任都在努力做好的工作。实际上，这些工作做好了，班级建设也就可以走上正常的轨道。

德育难题

班级建设中，像选好班干部、建立班级制度等等，都是常规性质的工作，每位班主任都在做，否则，班级就不可能成为学生成长的好环境。但是，仅有这些还远远不够。班级工作要继续深入进行，还需要在特色建设上下功夫，而抓好班级文化建设，是班级特色建设的核心。

（1）雷同化，这是目前班级文化建设最大的特点。如果走进一所学校，不妨去各班看看黑板报，看看班级标语，就可以发现基本雷同、大同小异。黑板上方的标语，学校统一购买，班级拿来贴上就行。黑板报，围绕学校中心工作，按部就班。班级制度，你怎么拟，我也跟着来，最多也就是删减或添增一两条……看了一个班级，就不必了解其他班级了。

此类班级建设，看起来搞得有声有色，轰轰烈烈，扎扎实实，给人的印象是有创意。但如果再深入一步，我们就可以发现，那些看似特色鲜明的班级文化建设，其实都是赝品，不是真正有创意的东西。

这样的做法，毫无特色可言。

（2）为特色而特色，完全脱离实际，不从班级实际出发，根据本班的实际情况及工作的需要，进行班级文化特色建设，建设方案纯粹是在办公室构想出来的。怎么实施？根本就不实施，或不打算实施，纯粹是为了给人看的。实际的工作则是另一套。两套工作方案，一手软，一手硬。特色文化是假的，常规做法是真的。这是典型的形式主义做法，为人所诟病。

（3）无所知。有的班主任，工作几十年，竟然对班级文化建设无所知，即全然不知有班级特色文化建设这么一回事，让人啼笑皆非。有的班主任，不学习，不看报，不上网，一心一意只上课、带班，每天就像驴拉磨一样，感到充实、满足，甚至还满足于自己所拥有的工作成就，觉得自己很不错。实际上，长期生活在水井里的青蛙，也很满足。它会感觉到水井里的环境的确很不错，很适合自己的生活。只是因为它从来都没到过水井外，没有长过什么见识。长期只在固定的范围内活动，当然会感觉到一切都很平顺。如果它能够自觉地跳到井外，看看水井外的精彩世界，心态就可能会改变，观念就可能会更新。

一个竟然不知有班级文化特色建设这么一回事的班主任，其班级管理工作要上新台阶就很难了。

问题诊断

有一段时间，对特色学校建设，人们颇有微词，认为特色学校建设是一种“一刀切”的做法，把整个学校都特色化了，无异于整齐划一。

那么，班级文化的特色建设，又怎样呢？

文化是隐性的，文化的力量是看不见的，它通过影响人的心灵来影响人，教育人。

班级文化，作为一种特殊领域的文化，对学生的影响也是隐性的，却是巨大的。作为一种隐性的教育力量，班级文化表现为班级独特的精神风貌，通过一定的形式影响着学生。

班级文化建设，如果只是一般化操作，确实方便。

首先，组织文化建设在我国已经有了几十年的历史，积累比较丰厚，可利用的资源比较丰富，可以查阅到多种多样的文件、图标，可以很方便地拿来使用。

其次，很多一线老师在长期的实践中，也积累了相当丰富的班级文化建设经验，有着丰富的可利用的资源。一线班主任需要这方面的资料时，只要在网络上一搜索，就可以拿来为自己所用。从网络上查询到的资料来看，一般都从物质文化、制度文化、精神文化这三方面进行。这都是很一般化的东西，但拿来就可以直接运用，很受班主任欢迎。

再次，班主任都是一线教师，有着繁重的教学任务，光教学这方面的工作，就花费了他们大量的时间和精力。而要进行班级特色文化建设，则需要深入研究本班特点，再根据学校工作的安排、班主任本人的工作打算，进行整合，进行创新，才有可能实现。这是就其设计而言，建设的过程更是需要付出巨大的努力，班主任老师岂不更加心力交瘁？而一般性的、普遍化的建设就省事多了，更能够满足班主任老师的工作需求。

于是班级文化建设无特色便成了普遍现象，而无特色的两个主要表现是平面化、雷同化。

平面化就是浅表化，缺乏深度。班级是由活生生的人组成的，尽管其主体是未成年人，但他们都是有血有肉、有个性、活蹦乱跳的人。班级文化建设，如果仅涉及班级组织建设、班级制度建设、班级目标确立等，这只是最为基本、初步的建设，还没有深入到学生的内心世界。而抓文化建设，特别是特色文化建设，就要能够抓住学生内心的需求，触动学生的内心世界。浅表化，则只涉及表面的、看得见的东西。

雷同化就是指抓住了班级文化建设的共性，忽略了班级的个性、特殊性。特色文化建设就是要抓住个性，抓住班级的特殊性。实际上，即便是两个平行班，如果要深究的话，也存在着各自不同的特点，不可能完全一致，就算学生的学习成绩也不相上下，仍然存在着各自的不同之处。比如学科之间的不平衡，比如学生个性的差异，还有班主任本人的文化素养、个性特征、工作目标等等，差异都是明显的。

平面化、雷同化，导致班级文化建设难以再深入。没有看到更深层的东西，没有发现班级特征，班级文化建设就只能在表面滑行，做表面文章。

破解策略

班级建设，班级文化建设，班级特色文化建设，这是三个层级，而且是三个不断深入的层级。

从现在的班级特色文化建设来看，有的学校真抓实干，在实践中摸索，取得了一些成就，积累了一些经验。有的学校，则仅仅是把班级文化方面的东西进行了一番罗列，谈不上什么特色，只是一般性地泛泛而谈，对实践的指导作用也不大，纯粹在形式主义的道路上前行。

班级特色文化建设，对很多一线班主任而言，是摆在他们面前的新课题，需要他们进行深入探讨与实践。

班级，都是由一定数量的学生组成的。组成每一个班级的每一个学生，都是个性鲜明的未成年人。这决定了班级的复杂性。班级特色文化的建设，必须从每个班级的具体情况出发，根据每个班级的特点来进行，否则，就会脱离实际，脱离学生，文化建设就可能徒有其名，徒有其形，对学生的成长无实质的帮助和影响。

下面分享一下我对班级特色文化建设的思考，以期抛砖引玉。

（1）指导思想：为学生的健康成长创造环境，为学生优良品德的形成提供条件。

班级特色文化建设，最终的目的是学生的成长，是为学生的成长服务。其他有违于此的，只能是南辕北辙。因为学生才是教育的目的，学校的一切工作都是为了学生的健康成长。班级文化特色应该围绕着这一目的的实现，要体现班级特色，具有一定的针对性。

（2）班级特色文化建设的途径：

①从大多数学生的特点、兴趣爱好出发，创设与此相关的特色文化。

②班级特色文化建设，不是班主任一个人说了算，而是先由班主任进行设计，再在全班讨论，要获得全班大多数学生的赞同，否则，意义就不

大了。如果全班学生大部分赞成，就有实施的价值。例如班上很多同学喜欢美术，就可以搞艺术特色文化建设；很多同学喜欢写作文，就可以进行写作文化建设；还可以进行书法文化特色建设；等等。可以定期开展相关活动，使特色更鲜明。这样就可以提升班级的凝聚力。

③从资源出发。学校所在地有什么特产，有什么旅游资源等等，可以拿来作为班级特色文化建设的资源。例如，盛产白莲的地方，可以进行白莲特色文化建设；水资源丰富的地方，可以进行水文化建设。

④从学校资源出发。如果学校藏书比较丰富，就可以开展阅读特色文化建设。

当然，要提升班级凝聚力，就要让全班学生参与讨论，出谋献策，集中全班学生的智慧，切不可班主任一人独断专行。否则，就会挫伤学生的积极性，难以取得实质性的效果。

班级舆论不良，怎么办？

一个好的班级，一定是课堂气氛活跃，教室整洁干净，集体活动积极，班干部说话有威信，同学之间和睦……班主任要想建设好一个班级，必须抓住一件事——拥有良好的班级舆论。

班级是一种社会组织，是学生成长的重要场所。良好的班级舆论，是宝贵的教育资源。

德育难题

不良的班级舆论，可以导致整个班级言人人殊，一盘散沙，人心涣散。正不压邪，邪气太重，班级就面临着严峻的威胁。

常见的班级不良舆论，主要有以下几种：

（1）“这个班是烂班。”对于班级的此种看法，比较普遍。这倒不是说“烂班”处处存在，仅指抱这种看法的人，到处都有。

一些学校，有的人只要一看到自己班上出了点小问题，就随口说出：“我们班是烂班。”于是，一传十，十传百，一下子就可能传遍了全校，乃至传到了家长的耳朵里。可能还会有人因此而添油加醋，添枝加叶，虚虚实实，仿佛班级真的成了“烂班”。

（2）“班主任偏心。”这也是比较普遍的看法。一些同学，一遇到班级发生了什么事情，就抱着看戏的心理，冷眼旁观班主任怎样处理，并进行猜测。一旦班主任处理的结果与其所期盼的结果不一致，就以为班主任偏心，有人走了后门。如果班上有某位同学与班主任是亲戚关系，那就更不得了，“偏心”论就会更加猖獗。例如，班主任的某位亲戚被班上其他同学打了，班主任秉公处理，谁不对就处罚谁，还是会有人站在偏激的立场进行议论。这样，再好的事情也有可能被议歪，好人都会被看扁。

（3）“读书无用。”“读书有什么用？我亲戚小学没毕业，照样当老板。”这也是常见的不良班级舆论。只要有人提出这种看法，就一定会有人附和。然后，不止一个同学举出自己身边文化程度不高，却发了财的例子。于是乎，不少学生以为读不读书无所谓，读好读差也无所谓，混混日子过就行了。

（4）“班上好不好与我无关，我只要搞好学习就行。”此种舆论，就真有点“事不关己，高高挂起”的意思，好像班级建设与他们无关。如果此生学习成绩好，在班上影响大，其所产生的影响就大了，很有可能会影响全班同学，产生巨大的认同感。结果，班上事务无人管，班级就像一盘散沙，缺乏凝聚力，大家各顾各，只在乎自己个人的事情。

班主任遇到这样的现象，非常无奈。很多情况下，不论他们付出了多大的努力，都看不到效果。

问题诊断

舆论是人们对某具体事件的看法、观点和态度。针对老人摔倒在地，“救还是不救”这个问题，发表的各种看法，就属于舆论的范畴。不管主张救还是不救，都是一种舆论，一种导向。如果是众多人形成了一致的看法，那就成公众舆论、社会舆论了。学生在校读书，隶属于学校，而他们又隶属于具体的班级，他们对班上所发生的事情发表自己的看法，就属于班级舆论。

班级舆论有正确与错误之分，错误的舆论将导致班级思想混乱，人心涣散，影响全班学生优良思想品德的形成。

不良班级舆论，是班级组织涣散、目标不明、规范执行不力的结果。

（1）组织涣散，是班级领导核心思想不统一，人心思变的结果。一个班级组织能否坚强有力，取决于核心人物——班长。班长，作为一班之长，必须品德高尚，思想纯洁，工作能力较强，否则，不足以服人。如果班长本人存在问题，遇事不能果断处置，万事依赖班主任，班上就很有可能人心不齐，很难把班级管理好。尤其是遇到一些明显对班级不利的事件、言论时，不能够正确处置，对班级的影响难以估量。

（2）班级奋斗目标不明确，班上学生除了学习之外，根本不明白全班到底要达到什么目的，导致学习各顾各，班级事务无人过问，问题就可能越积累越多。

（3）各班都有自己的班规，问题是怎样执行。如果有人违反了班规，谁来处置，怎样处置，这是一个大问题。制定几条班规不难，难的是执行。

一个班级几十个人，并且都是未成年人，他们在一起学习和生活，难免会有磕磕碰碰，大大小小的矛盾随时都有可能产生。对不良影响处置不及时，会导致班级舆论不良。

当然，班主任的作用，无论怎样强调都不过分。在班级建设中，在班级舆论的形成过程中，班主任的作用是决定性的。而班主任的“懒政”则最容易导致班级舆论不良。有的班主任，把自己混同于一般任课教师，很少下班，对班级情况不了解，更不用说对班上学生情况的了解了。甚至连家长打电话问到孩子的在校表现，班主任也心中无数，只能含含糊糊。这样一来，班上发生了事情也得不到及时处理，根本就不可能形成正确的班级舆论，班上一团糟。

那班级舆论不良，会导致哪些后果呢？

（1）思想混乱，是不良班级舆论的直接后果。一个班级，一定要形成正确的舆论导向，引领全班学生明辨是非，知道什么该做，什么不该做。尤其是小学和初中学生，他们的人生观、价值观还没有形成，心中还不存在明辨是非的标准，很容易受不正之风的影响。例如在班干部选择中，个别学生抱着不正确的目的，在班中大搞不正之风，对班上同学进行贿选。有的学生很容易上当，在投票过程中暗中帮助贿选者，让其顺利通过选举达到个人目的。这在小学和初中比较容易得手。原因就在于小学和初中学生年龄小，是非观念比较模糊，容易受蛊惑。如果形成了良好的班级舆论，班级形成了合力，就不至于让某一个同学掌控了选举。

（2）缺乏凝聚力。一个班级思想涣散，班级舆论不良，学生与教师之间离心离德，离心力巨大，一个班级就可能散架了。此类现象，在很多学校都发生过。一个缺乏凝聚力的班级，学生之间只有表面的和谐，缺乏内在的凝聚力；师生之间更没有心相近情相融的情形，有的只是学生对教师敬而远之的心态。班主任的话没人听，班主任布置的工作没人尽心做好。结果，要求转班的申请就可能越来越多。

班级谣言满天飞，将败坏班级及学校形象。学校教育关系到千家万户，学校只要发生了什么事情，社会上一定能在短时间内知晓与传播。只要班上有什么谣言，对学校，对班级本身，对班主任个人，都是一种不良影响。一所学校，只要有一个班经常有谣言传出，整个学校的形象就会受到影响。

破解策略

不良班级舆论对一个班的影响，可能出乎我们的意料。正确的班级舆论对一个班级建设来说非常重要，但是班级舆论建设不是一件轻而易举的事，需要从多方面努力。

（1）班主任的正确引导。导向就是方向。要让学生明白什么是好的，什么是差的；什么是该做的，什么是不该做的。社会环境的纷繁复杂，家庭教育背景的繁杂不一，对学生的影响是客观存在的，甚至还有负面导向作用。当来自不同家庭背景的学生坐在同一个教室里，组成一个班级时，相异的思想意识，个人化的生活经验，相互影响，相互作用。他们对一个问题很有可能产生不同的认识，舆论中心难以形成。此时，亟须形成正确的舆论导向：让学生明白什么是对，什么是错；什么该做，什么不该做。给学生一双慧眼，让学生明辨是非。

班主任的工作内容牵涉各个方面，复杂，琐碎。然而，在烦琐的工作中，一个优秀的班主任善于为学生指路，善于引导学生，让学生知道应该做什么，怎样做。要与学生多沟通、多交流、多讨论，多问学生几个问题，让学生思考“有没有道理”“对不对”“这样做好不好”“行不行”之类的问题，以便使学生与自己达成共识，产生共鸣。

班里总有不遵守纪律的学生存在，也会有一些事件发生。在尊重学生，且不涉及学生的隐私和自尊的前提下，拿来让全班学生讨论。通过讨论，可以使全班都受教育，也可以让全班学生知道，那些错误对班级和个人的危害，从而形成正确的舆论基础。

（2）进行集体主义思想教育。一个班级，班集体的凝聚力和向心力是发挥班级舆论正确导向作用的重要保证。一定要使学生明白，班级是大家的，班级离不开个人，自己是班级的一分子，是班级建设的主体力量。班荣我荣，班耻我辱，自己的一言一行都会影响到班级的形象。自己在这个班集体中学习和生活，就要为这个班集体争光。有这样的集体主义思想作基础，个人自然就会遏制自己的不良行为和言论，更不可能做有损班集体荣誉的事情，班级舆论的监督作用自然就会得到发挥。

同时，还要让学生明白，个人如果离开了班集体，就是孤立的、孤独的，就缺乏学习上和生活上的伴侣，就“孤陋而寡闻”，对自己优良道德品质的形成极为不利。

（3）选好班干部。班干部是班级建设的核心力量和主力军，班级管理中的很多事情，都需要他们去完成，班级正确舆论的形成，更需要他们的努力与付出。一定要选拔那些责任心强，学习认真且有一定的影响力和号召力的学生进班委会，担任班干部。但是，把他们选进班委会，并不意味着他们就一定能够发挥应有的作用，还需要着力去培养。要让那些优秀的个体，在有关班级发展的重要问题的认识上与班主任达成一致，处理班级日常事务时和正确舆论保持一致，从而用自己的实际行动去影响和带动其他同学。正确的班级舆论在班级占了上风，错误的舆论自然就缺乏存在的空间。

（4）发挥榜样作用。榜样是优秀的教育资源。实践证明，班级集体中，核心人物或榜样，以及有魅力的“小团体”，常常能发挥意想不到的作用，能够左右或影响全班形成某种风气。因此，班主任要善于培养班级榜样或中心人物，以发挥他们的影响作用。这是不容置疑的。另一方面，对反面的榜样与中心人物，予以必要的限制与引导。要善于有意识地把那些比较差的学生，引领到与他们兴趣一致的有益的“小团体”中，去接受正面榜样的影响与引领，“小团体”中的集体意识必定会成为班级正确舆论的组成部分，对班级正确舆论的形成是不可多得的资源。

（5）拉拢一批人。每个班上，都有一些性格独特、个性鲜明的学生。班主任要善于“拉拢”他们，促使他们从感情上向老师靠近，给他们指出行为的方向，让他们心中有数。这样，一些真正调皮捣蛋的学生，就可能或被“拉拢”，或被孤立。那些被孤立了的，再也难发挥作用了。这样，班里一旦出了问题，正确的舆论就自然就会起到主导作用。班主任只要一点拨，大家就心明眼亮，应者云集了。

班风建设不到位，怎么办？

俗话说："风正气清好扬帆。"近年来，社会风气、校园风气、班级风气等词语，频频出现在媒体上，风气越来越引起了人们的高度重视。

在一个风正气清的地方，人会觉得神清气爽，心旷神怡。而在一个歪风邪气流行的地方，人也会感到憋气，感到茫然。

班风建设中，风气显得愈益重要。

德育难题

一个班级，班风的好与坏体现在很多方面。从日常的班级状况来看，一眼就可以看出来的主要有：

（1）早读情况。早读时像自习课一样静悄悄，一般有两种可能：一是学生读了一段时间，累了，需要暂时休息；二是学生不喜欢读书，虽然纪律还好，无人说话。这个时候，班主任只要在教室外面学生看不到的地方听几分钟，如果仍然静悄悄，就属于第二种情况了。班主任可走到学生可以看见的地方（像门口、窗户外或者直接进教室），看看学生的反应。如果立即开始读书，那说明班风还好，还有扭转的空间；教室里如果依然静悄悄，说明班级就存在比较严重的问题，要扭转就要花大力气。因为学生们竟然无视班主任的存在。

当然，如果教室里乱哄哄的，说话的人比念书的人多，班上的纪律也存在着严重的问题。班主任仔细观察，就能发现真问题。

（2）出操情况。课间操时，集队慢腾腾，迟到的人多；做操时，有气无力，随意乱做，全班同学千姿百态。这说明班风比较差，整顿起来，需要花费一定的时间和精力。

（3）自习课的纪律。这一点不必详说，我们心里都有数。

（4）上课铃响时学生进教室的情况。上课铃声响时，班风好的班级，学生会马上进入教室，在座位上等待教师的到来；班风差的班级，学生则磨磨蹭蹭极不愿进教室，甚至无所谓，继续做自己的事。

（5）地面干净整洁与否。放扫帚、拖把、纸篓的地方，课桌椅下面，门后边等地方，只要看一看，就可以断定班风怎样。班风差的班级，常常地面垃圾多。地面果皮、零食包装袋多，说明班上吃零食的多，而且，还可能是上课时吃的，折射出这个班学习风气差、纪律差、卫生习惯差；纸屑多，表明这个班课堂气氛较差，上课传纸条，写信、交友，班级学习氛围不是很浓，可能还存在早恋现象；泥土比较多，说明班风问题主要出在男生身上，可能发生过打架斗殴事件。

学生生活和学习在这样的班级，他们良好思想品德的形成，是很困难的。

问题诊断

班风，就字面意思来说，就是班级的风气、风尚。从内里说，班风就是班集体成员按照班集体所制定的道德标准、行为规范和班级共同目标，经过共同努力，逐步形成的自觉行为习惯和风气。良好的班风是班集体成员中普遍具有的、符合道德标准的作风。这个定义，很明确地告诉我们，班风是在一定的道德标准、行为规范和班级目标的引领下，所形成的良好的风尚、作风。如果仅有这些，还不能形成良好班风，因为还有一个更重要的问题：主体是谁？老师吗？显然不是，老师只是一个引领者，学生才是真正的主体。没有全班学生的共同努力，好的班风仍然不可能形成。而且，好的班风是全体学生的一种习惯、·种风尚、一种风气、一种作风，这就需要全班学生长期努力，才能达到。

由此看来，良好班风的形成，不可能是一时心血来潮的结果，而是师生共同努力的结晶。

不良班风，实际上也是全班学生的一种习惯、一种风尚、一种风气、一种作风。不良班风一旦形成，对学生来说，就是灾难性的。可以说，不良班风就是一个不良的生长环境，一种逆境。在这样的环境中，学生要不受其影响，那该需要有多大的抵抗能力啊。在如此环境里，真正能够做到“出淤泥而不染”的，真是凤毛麟角了。他们都是未成年人，存在着巨大的可塑性。学生如果在不良班风中成长，变坏的可能性比变好的可能性更大。

差的班风，会使好学生变坏；而好的班风，则会让差学生变好。后者，是我们的目的。而前者，则是应该避免的。

而班主任是班风建设的核心人物。我们必须把班风建设好，否则，就是对学生的不负责任，就是直接害了学生。班主任肩上的担子很重，责任很大。

实际上，班风建设是很多一线班主任特别看重的班级建设内容，但一些问题常常让班风建设困难重重：

（1）被流行绑架。现在的学生，受社会的影响太大，所以有人说，社会上有人感冒，学校就有人打喷嚏。社会上流行什么，学生也跟着流行什么。流行使用手机，学生也离不开手机。流行名牌手机，学生也跟着要名牌手机。流行穿名牌衣服，学校里也流行起来。学校与社会，有着割不断的联系，有着扯不完的瓜葛。而且社会越发展，联系越密切。这对班风的建设非常不利，有时候甚至是相互对抗。班主任花费了九牛二虎之力建立起来的班风，可能会被一些流行的风气给严重侵蚀了。

这就与古代不同。古代的学子，“两耳不闻窗外事，一心只读圣贤书”，社会与学校，仿佛两个世界。今天则不同。

（2）被家长左右。现在，家长对学校、对老师、对班主任影响也越来越大。有时候，他们甚至可以左右学校或班级的正常工作。家长的意见，班主任如果不采纳，班级工作就很可能遭到抵制。

很多家长，只关心孩子的学习成绩，除此之外，他们一概不理睬，不关注，甚至还反对。学校和教师，相对来说，则比较关注学生各方面的成长，尤其是学生品德的形成。因此，有些时候就可能会与家长的期望产生矛盾，甚至对立。这样的家长虽然只是极少数，但影响很大。班上开展一些表面看来对学生的学习成绩没有直接作用的活动，家长就会反对。比如组织学生参加一些社会活动，让他们了解社会，个别家长就可能不那么乐意让孩子参与。

还有的家长，片面要求班主任对自己的孩子加以照顾，只要他们一发现自己的孩子没有被班主任加以“关怀”，就以为是歧视，提出不合理要求。如果他们的要求得不到满足，就对班级工作指手画脚，进行粗暴干涉。班主任就不得不对他们的孩子另眼相看。而且，此类家长的数量正越来越多，严重干扰了整个班级工作，让班主任头疼，担心得罪了他们，把问题闹大。有的情况下，班主任也不得不迁就。

（3）因班主任本人事务繁忙，或者责任心不强，或认识不到位等，班级工作中，没有班风建设的地位。他们或一天到晚忙于教学工作，或虽然担任了班主任，但责任心不强，根本没有一定要带好班的打算，得过且过，做一天和尚撞一天钟，工作被动、敷衍，没有带好班的行动方案，缺乏班级奋斗目标，缺乏班级文化建设。还有的班主任，不熟悉班主任工作业务。像那些连班上学生表现怎样都不了解的班主任，什么是班风建设都不知道，谈何建设？

（4）班主任能力欠佳。个别班主任，工作勤奋，也认识到应该怎样建设班风，而且的确下了一番功夫，但效果不佳。这可能是因为没有找准切入点，可能是因为组织领导能力不济……

（5）大环境欠佳。这里的大环境，指的是学校这个环境。如果学校不重视班级工作，校园内一片混乱，班级这个小环境就自然遭殃了。因为班级不可能是个独立王国，必须在学校的领导下，在学校这个大环境中存在与发展。

破解策略

拥有良好的班风，这是所有班主任的愿望。

理想很丰满，现实却很骨感。理想与现实的矛盾是永远存在的，否则，就不需要理想，不需要奋斗了。

拥有良好的班风这个理想，要想真正得到实现，需在以下方面下功夫：

（1）引导学生形成正确的价值观。这是抵抗社会流行的思想基础。学生正确价值观的形成，看起来很抽象，其实也很具体。班主任的工作首先就要把抽象的价值观变成具体可操作的东西来实施。可以把它变成这样的问题，拿到全班进行讨论："街上流行红裙子，我们是否也该穿红裙子？""社会上流行男生留长发，我们怎么办？""你怎么看待穿校服？""全民阅读活动开展了，我们怎么办？""作为一名新时代的学生，我们应该怎样做？"……

这些问题，如果拿到班上来讨论，让学生发表自己的意见和建议，就可以直接触及学生思想的深处，促使他们深入思考。

思考、讨论的过程，就是价值观交流与形成的过程。在这个过程中，虽然有可能出现偏差，但班主任在场，班主任的引领、疏解可以让学生走出困境，走出误境，从而心明眼亮。

（2）取得家长的支持。家长是资源，这是新的观念，我们一定要重视。班风建设中，家长的支持不可缺少。现在，建立家校联系微信群，是很多地方的成功做法。

班风建设过程中，有很多具体的工作，例如开展班级活动，班主任需要及时在群里发布消息，与家长商榷，看看家长有什么意见和建议，以进一步完善方案，争取得到家长更多的支持。家长如果积极参与，效果可能就会更好。例如远足、踏青、访学、竞赛等等，都是班级集体活动，且都对班级良好风气的形成有着重要作用。

当然，可能也有个别家长不理解、不支持，以为开展这样的活动，与学习无关，不能提高考试的分数。班主任要多与家长沟通与交流，还可以动员其他家长帮助劝说。家长身份与教师不同，家长劝说家长可能更有效。班主任一个人单打独斗，势单力薄，得不到家长的支持，可能招致失败。

学生劝说家长，也不失为好方式。学生劝说自己的家长，凭借他们的亲情关系，效果可能是其他关系无可比拟的。

（3）提升自身素养。班主任的素养，从一线教师的工作需要来看，第一是能力尤其是管理班级的能力，第二是修养。能力差，修养差，肯定不能管理好一个班级。

综观一些班风比较差的班级，可以发现，一些班主任身上，确实存在着比较严重的问题。缺乏责任感，这是最明显的。他们根本不把班上的事当作一回事，仅仅是为了其他目的而接受当班主任这个差事，不主动思考班级事务，不想着怎样把工作做得更好。上传下达是他们的主要工作，既不向书本学习，也不向他人学习，视野狭窄，能力不济。班上一旦出了问题，就责怪、责骂学生，师生关系紧张。

提升自身素养，一要苦练基本功。与学生沟通交流的能力、活动策划的能力、与家长沟通的能力、与任课教师沟通协调的能力……这些都是做好班级工作必须修炼的基本功。有了这样的基本功，做好班级管理工作就不难了。二要提高修养。班主任自身文化修养不高，能够引领学生提高文化修养吗？当然，提高修养是慢功夫，不是心血来潮就可以达到的，需要长期的自我检点、自我监督，以及顽强的意志力。

引导学生形成正确的价值观和取得家长的支持，属于班主任自身以外的力量，而提升自身素养则是更为重要的内在力量。

学风不正，怎么办？

韩愈说：“业精于勤，荒于嬉；行成于思，毁于随。”

学风与班风，本来是连在一起的问题，班风好，学风自然不成问题；学风好，班风也不成问题。拆开来，仅仅是为了突出两者的重要性。

学风问题，关涉到学生品德的问题，不可不关注。

德育难题

目前，一些学校的一些班级，学风存在问题：

（1）学习风气不浓。有的班级，学生上课时玩手机，自修时说话、下位，或者趴在桌子上什么也不做。有的学生，晚自习几节课，书放在桌子上，但永远在同一页，不曾翻动。老师怎样开导、督促，都无济于事。

（2）早读课不念书。早读课，本来就是用来念课文的，这是接受文化教育的需要。但是，有的班级早读时，教室里静悄悄的，没有读书声，要么就只有说话声、吵闹声。

（3）晚自习吵闹不断。晚自习，教室里本应是安静的，因为晚自习本来就是让学生安心复习、做作业的。有的班级，晚自习时学生不做作业，不复习，当作是说话的时机。

（4）作业马虎、敷衍。现在，一些学生作业马虎、敷衍，几乎成了常态。一是抄袭成风。作业本来是为了消化、巩固所学知识的，这是必须自己操刀的，否则，就是徒劳。但是，现在学生抄作业，已经成了习惯，不抄不自在。二是书写潦草。学生不重视作业书写，已经是共识了，老师们基本上都有同感。这里不细说。三是突击做作业。老师布置了作业，学生却不放在心上，搁置不管，交作业的时间临近了，才慌忙拿起作业本，胡乱做，敷衍老师。

（5）考试舞弊。现在的考试，基本上都是学生在监考老师。考场上，监考老师只要一转身，就有学生在舞弊，防不胜防，监不胜监。平时在考试中，基本上就是这种状态。一些学生，平时不认真学习，考试就只有依靠舞弊才能拿到高分了。

（6）上课不认真。虽然现在不提倡上课教室里安静，但我们也可以反思：缺乏必要的安静，学生缺乏必要的思考，哪来的学习上的收获？有的学生，虽然不吵不闹，但消极，或趴在桌子上睡觉，或玩手机……连基本的接受过程都不存在，如何对话？

以上，仅是一些看得见的现象，看不见的，比如不愿意思考，不愿意下苦功夫，与实践脱节等等，是更严重的学风问题。

问题诊断

学风问题，不单单是学习本身的问题，它只是其他问题的一个表面现象，有深层次的内在的原因。深层次的问题，就是班风问题。一个班级的学风不好，其实就是班风差。但这里只涉及学风，班风问题前文已经有所论及。

学风问题，也是道德问题。学生作业抄袭，考试舞弊，涉及学生的心胸、品行，乃至人生观、价值观。

抄袭、舞弊，这就是弄虚作假，即是缺乏诚信。一个学生，如果长时期在学习中通过弄虚作假的手段谋取高分，虽然能够得到一时的快乐，博得分数之外的其他资源，但是毕竟是通过不正当手段得来的，把个人品格中最宝贵的部分丢失了。如果学生从小就这样做，长大后，还有什么缺乏诚信的事做不出来呢？还有可能触犯刑律。

学生学风不正，原因多多，这里简单列举如下：

（1）学生自身原因。班级环境、校园环境，为学生的学习提供了条件，但学生能否学好，关键在于本人。学生自己才是学习的主体，学习成绩的好与坏，主要取决于学生本人。为什么同在一个班级，同是一个老师教，有的学生学得好，有的学生学得差？学生个体是主要原因。

那么，哪些因素影响了学生的学习？

①缺乏人生理想。理想是人生最为重要的激励因素，凡是学习好的学生，他们一般有着自己的人生理想。他们就是在理想的激发下，拼搏用功的。班风差，大多数学生心里没有树立自己的理想与目标，学习无动力，就混混日子，把学习放在一边，哪来的心思学习？

②自我约束能力差。人都有惰性，天性喜欢玩耍，规避学习。一个班风差的班级，虽然也有学校纪律与班规班纪，但执行不力，有约等于无。学生既缺乏来自外界的约束，又缺乏来自内心的约束，管不住自己。尤其是初中生和小学生，自控能力差，纪律观念淡薄，常常为自己身上的顽劣性所控制，上课说话，课后不复习，不做练习，作业抄袭，考试舞弊。他们平时的学习一点都不忙，一到考试时，竟非常忙碌——忙着偷看，忙着求你别人“帮忙”。

③学习态度不端正。有的学生，在班上其他同学的影响下，把学习当作混文凭，混毕业证，混个身体长大（年龄太小，去打工都没人敢要）。在班风较差的班级，学习态度不端正会相互交叉影响，受其影响的学生越来越多。结果，大家都不把学习当一回事，至于学得怎样，无所谓。

（2）班主任的影响。班级建设得好与坏，班主任是至关重要的人。为什么把班主任的工作叫作“带班”？你在前面走，在前面带，一群学生跟在后面。你把学生带向何方，以怎样的姿态、怎样的速度带，都是很有讲究的。

①带向何方，这是目标问题，关涉班主任的价值理念，班主任的职业理想。学风差的班级，班主任在引领学生朝向目标迈进上工作有欠缺，或者未能激发学生参与的热情，或者对学生阻碍目标实现处置不力，招致负面影响扩大……

②以怎样的姿态，涉及班主任仅仅是一个人一直走在前面，还是动

员、鼓励学生与自己一起走，也就是能否激发起全班同学齐心协力与自己一同实现班级目标。这中间就有很多细致的工作需要去做好。对掉队者怎样处置？对领先者怎样鼓励？这关系到目标能否实现，在多大程度上实现。班风学风差的班级，班主任肯定是忽略了这方面的问题。

③以怎样的速度。教育是个慢功夫，带班也是这样。一个班级要建设好，不可能立竿见影，而是需要一个过程。学生来自“五湖四海”，他们在各方面都需要一个磨合的过程，不可能一下子就相互适应。实际上，班主任与班上学生之间，也存在一个磨合过程：通过一段时间的磨合与适应，才能走入“成长期”。学生身上好习惯的养成，也不是一蹴而就的，也是慢慢养成的。例如对班规的适应，学生也并非迅速就能够适应，一定有一个过程。

（3）家长的影响。一些学生家长对学习的要求并不高，只要孩子不学坏就行。学习成绩好坏，都无所谓。一个班级，只要有两三个这样的学生，就可能影响一大片，任凭班主任怎样抓，也枉然。

还有的家长，虽然重视孩子的学习，但对班级工作、对教师的教学干预比较多，也在一定程度上干扰了正常的教学，自然就影响了班上的学生。而实际上，班主任或者任课教师，不可能满足所有家长的所有要求，所以容易产生矛盾。

破解策略

班级学风良好，是学校、教师、家长和学生的一致愿望。因为学风是一把标尺，衡量整个班级的精神风貌、师生素养。有好的学风，才能有好的思想品德，好的学习成绩。

良好学风的建设，为学生创造积极上进的氛围，使他们在班级学习中体验一个优秀集体是怎样把他们推上精彩人生之路的。

良好学风的建设，学生是主体力量，班主任是主导者，家长是配合者，学校是大环境。

（1）学生是主体力量。学生是学习的主体，良好学风，他们是参与者，是建设者，也是受益者，且是最大的受益者。他们也是良好学风建设的目的所在。

①有效激发学生的学习兴趣。兴趣是最好的老师，班主任要与任课教师多沟通，多协调，多研究。要与任课教师一起，激发起学生浓厚的学习兴趣，使他们把精力都投入到学习当中。

②重视后进生、学困生的思想工作、帮扶工作、跟踪教育工作。这一部分人的工作没做好，很可能就会成为全班工作的短板，甚至还会带坏其他同学。而且，这部分同学的工作做不好，他们就会成为破坏班级学风的“主力军”。

以往，班主任也很重视这一工作，但是拿不出很多有效办法，被困住了，被这一部分人弄得焦头烂额。

做好这一部分学生的工作，不能单打独斗，一定要与任课教师，与学校，乃至与家长形成合力，才更有效。比如，从学习上帮助他们，就需要任课教师出马。帮扶与跟踪，既需要学校的帮助，也需要家长的参与与配合。学会沟通与协调，是班主任的基本功之一。

③开展班级读书活动，建设书香班级。这一点不用多说，已经有很多成功的范例可以借鉴。

④建立优秀学生的激励性评价机制，尤其是建立对成绩优秀学生的激励机制，对他们进行表彰与宣传。现实状况是，表彰与奖励都是客观存在的事实，关键是宣传不够。其实，给他们进行一点宣传，给予精神上的鼓励，是必不可少的。人是要有一点精神的，宣传就是给予精神鼓励，对其他学生也是一种鞭策。

（2）班主任是主导者。无疑，班主任是一个班级的领跑者。一个好的班主任，自然就能够把学生领跑到理想的目的地。而一个不那么称职的班主任，则会成班级学风建设的糊涂虫。

有这样一位班主任，刚担任班主任时，班风还不错。因为学生是新生，对学校、对教师、对同学都不太了解，所以表现得规规矩矩。可是，半个学期后，班上学生思想混乱，偷偷喝酒、抽烟的，时有发生。班主任竟然束手无策，只会责骂。班上很多原先表现不错的学生，都变得越来越差，后来竟然混不下去，辍学了。

这样的班主任严重不称职，甚至属于害人的班主任。一个优秀的班主任，会把班级带得越来越好，一个差的班主任则会使班级变得越来越差。

认真、负责，这是最起码的要求。在此基础上，还需要有水平，有素质，有能力。建设好良好的学风，没有后者，只是枉然。如果领跑者本身素质堪忧，是很难带领好一支队伍的。

（3）家长配合。良好学风建设，有了家长的配合，就可以如虎添翼。缺少了家长的倾力支持，力量就单薄得多。

（4）学校大环境的熏陶。一所好的学校，就是一个好的学习环境。为什么有的名校，学生学风那么好？就是因为名校有学习的大环境。全校学生人人力争上游，个个鼓足干劲，学习风气自然就好。

班级只是学校大环境里的小环境，也是学校大环境的组成部分。小环境与大环境之间，是相辅相成的关系。

班主任大包大揽，怎么办?

俗话说:“上面千根线，下面一根线。”学校工作千头万绪，最后的落实者，大多都是班主任。所有意外，班主任老师应该在第一时间发现、预防、处理；所有需要善后的事情，班主任有责任去处理；所有的隐患，班主任要及时发现；出了任何事情，班主任负第一责任……班主任是救火队长吗？班主任是救世主吗？班主任是全能运动员吗？

德育难题

班主任的事情，琐细、烦杂，班主任忙碌，班主任辛苦。要建设好一个班级，除了上面布置的任务，还有大量的自我加压产生的任务和工作。而且，班级工作中，还常出现突发事件。

所以，往往是这样：一个优秀的班主任整天忙得焦头烂额，而一个不称职的班主任则整天无所事事。

问题是班主任自己大包大揽，一人全部承包。

此类班主任，工作很勤奋、勤快是他们最大的特点。他们时刻与学生在一起；班级事务，不论大小，不是自己亲力亲为，就是亲自参与指导；班上的条条框框多，班上有名目繁多的班规、班约，且严格按照执行。学生只能言听计从，班上事无巨细，都要请示班主任。

其实，这样做的效果并不理想。在班主任的大包大揽之下，学生对班上事务，完全缺乏积极性，他们只能被动地接受班主任的安排，没有主动性可言，没有任何自主的空间。班风、学风，也并非想象中那么好。

具体情形是这样的：他们整天忙忙碌碌，班上自习课，他们肯定出现在教室里。这样的班主任，责任心强，工作非常认真负责。个别的，甚至可以说到了废寝忘食的地步。但他们所带的班级，班风可能并不完全如愿，而且还可能让人操心。班主任在教室时，班级看上去秩序良好，班主任一旦离开，教室里就乱成一锅粥。

问题诊断

班主任一个人把班上的工作全部承包下来，不让学生插手，自己一个人干，这是大包大揽的典型表现。

问题是，那些班主任，他们难道真的不怕苦，不怕累？不是。他们究竟为什么要这样做？他们之所以这样做，源于对学生的不信任。

他们根本不相信学生能够做好班上的事情。对学生不相信的原因在于：一是对工作追求完美。此类班主任，对班级工作可谓尽心尽责，巴不得把班上的事情处理得井井有条，不留下一点瑕疵。他们的眼睛里容不得沙子，看不得瑕疵。因此，总觉得与其让学生去做，还不如自己亲自处理。二是不相信学生的能力。这是绝大多数班主任的心理。在他们的眼里，中小学生都还是小孩子，还不懂事，且办事能力不强。班上的事情放手让他们去处置，不放心。万一没处理好，自己还得重新处理，还不如自己一次性处理好。三是不相信学生真的会把事情办好，认为学生很可能会故意把事情办坏。这是基于人性恶的想法。他们把学生看扁了，认为学生办事不可靠。

班主任观念落后，也导致大包大揽：学生还是孩子，还不懂事；老师则是成年人，肩上担负着管理和教育他们的任务。老师是教育者，学生则是受教育者，学生必须听老师的。老师怎么安排，学生就怎么做。这样的观念，用文字表述出来，虽然让人觉得可笑，但确实是一部分班主任的心理。

班主任关爱学生，这是必须的，但如果超过了一定的度，则会适得其反。中小学阶段，班主任总是以为学生年龄小，自控能力差，动手能力差。因此，班主任就只好自己大包大揽，怕有什么意外与闪失。事实上，班主任帮得过多、扶得太久，会养成学生的依赖思想，使学生变得越来越懒，懒得动脑，懒得动手，自主管理的能力会越来越差。

班主任事必躬亲，亲力亲为，学生被动接受，这无疑打击了学生的积极性，使学生产生这样的心理：老师不相信我们，我们何必对班级事务那么用心？天塌下来有班主任撑着，我们就并不必再劳神费力。于是，即便是学生能够自己处理的事情，也必须等待班主任到场。因此造成了恶性循环：老师不信赖学生，学生依赖老师。结果是：老师辛苦，学生悠闲，班级混乱。

班主任大包大揽，剥夺了学生的锻炼机会。学生是在具体的学习、做事当中逐渐成长起来的。班主任如果什么事情都亲力亲为，就剥夺了学生锻炼的机会，他们可能就永远也长不大。

学会做事，是联合国教科文组织所确立的教育的五大目标之一，其根本宗旨就是要让学生在实践中得到锻炼，学会本领。班主任的大包大揽，使他们失去了锻炼的机会。

班主任的好心，并不一定能得到好报，有时好心办了坏事。这是很多学校班主任的工作现状。

破解策略

魏书生老师是全国著名的特级教师，他在担任实验中学校长与书记时，兼任了两个班的班主任，还教了两个班的语文课。他一年平均外出开会达 4 个月之久，却从来没有请人代上过一节语文课，也从没有请人代管过班级。但是，他所带的班级，工作却井井有条，老师在与不在一个样，班级秩序良好。他的学生，都有很强的自我管理能力。他是依靠什么成功的？靠的就是民主与科学的管理。

民主与科学，让魏书生摆脱了琐细的班主任工作的束缚，能够暂时离开班级，班级却不受影响。

实际上，班主任如果摆脱了班级事务的拖累，就可以把自己从烦杂的事务中解放出来，可以腾出时间和精力去思考其他问题。深陷繁杂事务，就会被烦杂的事务拖累。

那么，班主任怎样才能摆脱烦杂事务的束缚，获得自身的解放？

（1）相信学生。有的班主任不相信、不信任学生，才导致了班级事务上的大包大揽。要走出这一困境，就必须相信和信任学生。

人的潜能是巨大的，学生也如此。所以，班主任不必怀疑学生的能力，相反，应该相信学生有能力处理好班级事务，应该信任学生会一心一意去做好事情。

（2）与学生建立信任关系。这种信任是一种师生之间的相互信任。前提是老师信任学生，其次才是学生信任老师。一位哲学家说：“上帝对他的女儿说道：我传给你我唯一的知识，那就是真诚。你在无论什么样的情况下都要做到对自己真诚。你对自己万万不能撒谎，那会玷污你纯洁的身体。”对学生，班主任必须真诚。一般来说，凡是寄宿制学校，都要求班主任必须住校，便于管理好班级。某老师想了个办法，它每次回家房间都亮着灯，摩托车也仍然留在学校，给学生制造一种假象，让学生误认为老师仍然在校，从而不敢轻举妄动。

该老师的想法是好的，他不想因为自己的离开影响到班级。但这种做法不坦诚，是不信任学生的表现，无益于和学生建立信任关系。一旦学生意识到了这种假象，老师在学生心目中会是怎样的印象？

（3）建章立制。建立班级规章制度的过程，是实行民主的过程，是集思广益、吸收群体智慧的过程，也是使班上每一位学生积极参与，进一步认识、理解、接受规则的过程。所以，班上的规章制度，最好不要教师一人包办，要在班上广泛讨论，教师先拟定初稿，再拿到班上讨论，发动全体学生，积极参与。这样拟定的制度，大家遵守起来就更容易。

（4）设立值日班长和值周班委。让所有学生直接管理班级事务，增强他们的民主意识，学会进行管理。可以建立值日班长制度，每位学生按座位轮流担任值日班长，负责课内外作业、班级纪律、两操集会、值日卫生等的检查、记录和管理，并在次日上课前简要评讲后移交给下一位值日班长。这种人人直接管理班级的做法让每位学生都能得到锻炼，可以培养学生的管理能力，让学生找到自信。

每位学生在管理能力上存在着差异，为了不影响班级正常的学习和生活秩序，推行值日班长制度的同时，还实施值周班委制度，由班干部轮流担任。值周班委则根据值日班长的常规项目记录及每位学生的各方面表现，进行素质量化考评；评议值日班长的工作情况并作记录；与有关学生、班干部进行沟通与交流；上传下达，保持师生间的信息沟通；做好工作总结，搞好交接班。

（5）发扬民主作风，重视民主管理。班主任是班级管理的核心人物，要充分发挥学生的主体作用，并在班级管理中自觉贯彻；平等对待学生，不居高临下，不发号施令；严格要求自己，因自己的工作失误给学生造成了伤害，要及时向学生道歉，承认自己的失误；不搞“家长制”，不搞“一言堂”，班级大事由班委会或全班学生集体讨论；坚持正确的舆论导向，积极鼓励学生表达自己的观点，允许学生持有个人意见，充分展示其个性与才华。

（6）建立班级 QQ 群或微信群，让学生对班级事务有表达自己诉求的渠道，为学生畅所欲言，提意见、建议创造条件，且班委会、班主任应及时吸纳或解释。

这样一来，就直接把班主任从繁重的工作压力下解放出来了。

发生师生冲突，怎么办?

教师和学生，为了一个共同的目标走到了一起，这个目标就是：学生的健康成长。

目标一致，同在一个教室里相处，按道理说，关系应该是和谐的，相处应该是和睦的。但是，理想终归是理想，现实是骨感的。

德育难题

还是让我们先看看现实吧：

2017 年 2 月 23 日下午，陕西省镇安县城关小学二年级 6 班的小祎（化名）上语文课时，因未完成作业，遭到班主任卢付珍老师拽耳朵，致耳朵被撕裂。小祎忍着疼痛，直到放学后被家长发现伤口，到医院缝了 5 针。

2016 年 3 月 21 日，甘肃省环县二中八年级（1）班 7 名女生与九年级（1）班 2 名女生因小事发生争执，相互推搡。22 日早晨 7 时左右，八年级（1）班班主任马某某在调查过程中对 7 名女生进行了殴打。

2016 年 4 月 7 日，江苏省南京郑和外国语学校班主任丁海燕老师无辜被家长扇耳光。

2015 年 12 月 5 日，湖南省邵东创新实验学校高三班主任滕某，在办公室约谈学生龙某及其家长时，被龙某持水果刀当着家长的面杀害。

2013 年 9 月 14 日，江西省临川二中老师孙某被学生杀害。案发前日，高三学生雷某课间玩手机时被班主任孙某发现并收走，孙某要求通知家长。第二天，雷某进入孙某办公室将其割喉，残忍杀害。

2008 年 11 月，浙江丽水缙云县一名中学女老师，和学生一起出门家访时，被学生杀害在山上。第二天晚上，老师的尸体在山上被找到。那位学生交代，他是假称爷爷奶奶都在山上干活，将老师骗到山上，并将其杀害的。

……

几年来，此类事件我们已经多次耳闻，令人心寒。

此类事件中，有老师动手打学生的，也有学生动手打老师、杀害老师的。一句话，发生了激烈的矛盾冲突。

问题诊断

中国素有尊师重道的传统。自古以来，我们就把教师排在十分重要的地位上。“天、地、君、亲、师”中，老师排在了第五位。地位应该是很显赫了。《荀子》中说：“国将兴，必贵师而重傅。”这充分肯定了教师在国家兴盛中的重要作用。

本来应该和谐、和睦相处的教师和学生，怎么就变成了仇人似的关系呢？

俗话说，世上没有无缘无故的爱，也没有无缘无故的恨。况且，这“爱”与“恨”之间，并没有明显的界线。也就是说，“爱”容易导致“恨”。师生交恶，对冲突的师生双方，对他们的家人，都是一种伤害。

师生之间一旦发生激烈冲突，心灵上的伤害在所难免。对教师而言，既然学生不听我的话，与我对抗，甚至打与骂，我就不管了，随他去，愿意怎么样就怎么样，与我无关。甚至一看到学生，心里就厌恶。学生呢，可能有过之而无不及，对班主任不搭理，甚至还怀着一种仇恨。老师问话，不答；作业，不做，也不交；上课，不理睬，玩手机，睡觉。

缺乏师生之间沟通的教育，是一种非正常的教育。

一个被学生嘲弄，乃至被学生羞辱、殴打过的老师，在感情上是很难再接受那个学生的。一个自认为被老师瞧不起，又打骂过老师的学生，能够坦然面对老师吗？心中的隔阂是客观存在的。

师生之间的冲突发生之后，学生还愿意上你的课？看你很顺眼？在你的课堂上，你还希望看到那位学生？对学生而言，“亲其师，信其道”，他们只有从心眼里喜欢你这位老师，才会心甘情愿地走进你的课堂，聆听你的教诲。

爱屋及乌，恨屋也及乌。因为与班上一位同学的关系紧张，发生了冲突，班主任就可能对整个班级的管理失去信心。学生呢，则会因此而讨厌班级，讨厌班主任。个别的，还会继续与班主任暗中作对。

因此，师生之间要尽量避免冲突的发生。

虽说成长的道路不是一帆风顺的，但毕竟充满了艰难和坎坷的成长道路，是谁也不想遇到的。与老师的一次激烈冲突，对学生而言，伤害是巨大的，也是一时半会儿难以医治的。

一次冲突，就是一次沉重的打击，结果，成长的顺境变成了逆境。而逆境中虽说也能够成长，但付出的代价、付出的成本更大。这是谁也不愿意的。更何况，一次冲突就可能造成学生辍学、逃学的后果。这就不仅是成长的问题，而是脱离了这个年龄段的人成长的正常轨道。

对于师生间的冲突，一经发现，有关部门便组织调查事件真相，并作出严肃的处理。当然，更多的是处理老师，学生呢，因为是未成年人，给个警告、记过之类的不痛不痒的处理了事，除非他们犯了法。

教师是矛盾的主要方面，学生是矛盾的次要方面。主要方面的问题解决了，问题就彻底解决了。可师生之间的冲突仍然屡屡发生。原因到底在哪里？

（1）问题学生身上的“问题”是触发点。如果仔细研究一番，可以发现，师生之间的激烈冲突，大多发生在问题学生与教师之间。一般学生则较少与教师有冲突。

有这样一位学生，脾气特别坏。一次，他与另外一位同学发生了矛盾，班主任非常生气。中午时，把他的父亲请到学校，在办公室进行了交流。下午，班主任上课时，该同学进来了，没有喊报告，还骂骂咧咧。班主任对他说：“怎么搞的，迟到了不喊报告，还发出不该发出的声音。”此时，他歇斯底里地发作了："怎么了？我就是要迟到！我就是要打人！都怪你把我爸爸找来，他打了我，我就去打别人！"班主任随即教育了他几句，只见他非常激动，把桌子给掀了，拎着书包，拔腿就跑出了教室。

这里，虽然老师的处置方式存在问题，但冲突毕竟是由学生身上的问题引起的。若没有学生身上的问题，就可能没有这次冲突。

（2）教育方法不当。教师如果对学生的偏差行为，如不听讲、不交作业、拒绝参加集体活动、做小动作、不完成值日、成绩差等，进行冷嘲热讽、批评指责、当众揭老底、严厉惩罚、羞辱责骂，容易引起学生不满、压抑、怨恨的情绪。此类消极情绪积累到一定程度，学生对教师的积怨就会公开化，爆发激烈冲突。这种状况多发生在班主任与后进生之间，属于教师对学生教育方式方法欠妥当。由此可见，教师仅有美好的愿望远远不够，还需要辅之以正确的教育方法才行。否则，容易引发冲突。

（3）教师行为不符合学生的期望，教师的领导方式、指导态度不符合学生的期望。例如学生认为教师对自己的评价存在着歧视，不一视同仁，便容易产生冲突。个别教师自身素质差，缺乏人格魅力，不能为人师表、以身作则，自我控制能力差，情绪多变，随意把学生当作自身焦虑与压力转嫁发泄的对象，容易引发学生的不满与对抗。此外，有的学生缺乏社会经验、不成熟，对教师的正确而合理的要求不能完全理解，甚至产生误解，发生冲突。有的学生心理尚未成熟，好胜心强，排斥规范与约束，自我意识虽然增强了，但自我控制能力弱，情绪不够稳定，好冲动且不计后果，逆反心理较强，因此对学校教育采取冷漠、蔑视的态度，甚至公然对抗，与教师发生冲突。

（4）师生对同一问题的看法不同。例如，教师认为学生学习不用功，学生却认为自己非常用功，这样的分歧经常会引起学生的不满。同时，师生之间的年龄差异易造成爱好与审美上的不同。比如有的学生喜欢流行歌曲，关注歌星、影星、青春偶像，教师则认为喜欢这些不但对学习无益，还会浪费宝贵的时间与精力，将影响学习成绩。当教师表示否定或不屑，试图阻止时，学生就会争辩、坚持，甚至愤怒，以致与教师发生冲突。

（5）教师对问题处置失当。同一件事，不同的处理方法会导致不同的结果，就看采用怎样的方法。也就是说，处置得当，有些冲突可以避免。

上课时，李明突然举手。班主任张老师问有什么问题。李明说："老师，林晓用粉笔砸我。"坐在李明身后的林晓是一个调皮鬼，学习成绩还好，但争强好胜，好狡辩，且喜欢在课堂上做小动作。听到李明的话，老师还没开口，林晓就大声狡辩起来："我没有砸，是石亮砸的。"张老师说："人家怎么不说是胡含砸的呢？"胡含是坐在林晓边上的女同学。张老师继续批评李明："做了错事还不承认，不像一个男子汉呀！要敢作敢当！"这句话引起了大家的讥笑。林晓非常气愤。他气乎乎地看看李明，又愤愤不平地看看张老师，说了句："有些人才不像男子汉呢！"说完，就在那又拍书又砸笔，表现出不服气的神态。课后，张老师了解到，确实不是林晓惹的事，是石亮砸的。

很明显，老师是带着偏见处置事件的。当林晓觉得自己被冤枉时，便又拍桌子又砸笔，来发泄心中的不满。好在没有造成什么严重的后果。老师在不了解实情的情况下，要慎重表态，慎重作出决定，否则，可能真会制造冤假错案。

当然了，话说回来，要在短时间内把情况摸清楚，也不太可能。最好的办法就是先不要急于表态，摸清了情况再作决定，要给自己一个台阶下。

教师处置失当，再加上有的教师比较容易激动，结果是情绪失控，语言失控，行为失控，伤害了学生的心灵。师生发生冲突，双方都是受害者。

破解策略

师生对抗，绝对是一件坏事，对教师、对学生、对学校，都是有害的。

那么，怎样才能避免师生冲突？

（1）改变自己。无疑，在师生关系中，教师是主角，是矛盾的主要方面，起着主导作用。在建立良好师生关系过程中，关键在教师。面对一代又一代年轻学子，教师首先应该加强自身修养，因应自身工作的需要，转变观念，提升师德素养和教学能力，以学生为主体，以高尚的品格和过硬的素质感染学生，征服学生。

（2）角色转换。现代教育中，教师已经不再是“独奏者”而是“伴奏者”，舞台的中心应该是学生，而不是教师。应与学生建立起一种平等、民主、和谐的师生关系，只有这样才能真正杜绝冲突。

（3）掌握沟通的技巧。从一些师生冲突案例来看，教师缺乏有效的沟通技巧，言词不当或过激是重要原因。在与学生交往的过程中，教师一定要注意以下几点：

一要善于聆听。教师真诚聆听，学生就会说出自己的心里话，就能够消除误会。

二要就事论事。交往中，教师绝不能揭老底、翻旧账，更不要随意对学生下定论，否则，容易伤害学生自尊，诱发师生冲突或者导致冲突升级。

三要控制情绪。在与学生有矛盾或发生冲突时，要控制好自己的情绪，也可暂时离开现场，冷静地考虑如何应对。

四要给自己一个台阶。在与学生产生矛盾时，教师不要把自己陷入非此即彼的二元对立状态，一定要在短时间内，给出至少两套处置方案让学生选择，给自己一点空间，不要把自己逼到与学生对立的边缘。例如，当学生在规定的时间内不交作业时，就可以给学生两个选择：要么再延长一定时间交，要么与家长联系，让家长监督。此时，大多数学生就会做出交作业的选择。绝对不能与学生激烈争吵，以免矛盾升级。

五要多鼓励赞美，少批评指责。

（4）心理辅导。学校要开展心理辅导活动，配备专职教师，设定专门场所，通过心理辅导来帮助学生了解自己，学会做事、做人，学会共同生活，学会以后在社会上生存发展。可是，目前此项工作还没有引起高度重视。很多学校基本上只是应付了事，根本没有真正开展此项活动。

学生心理辅导的内容一般包括学业指导、生活指导、职业指导三项。

学业指导主要是帮助学生了解学习的内在过程，激发学生的学习动机，培养学生的学习兴趣，帮助学生掌握有效的学习方法，养成良好的学习习惯。生活指导主要帮助学生正确认识自己，建立良好的自我意识，了解家庭生活和学校生活，建立和谐的人际关系，树立正确的生活观念和积极的生活态度。职业辅导则主要帮助学生规划自己的未来，让学生了解各种职业的特点与职业要求，认识自己的职业态度与职业能力，树立正确的职业理想，合理地选择专业与职业。学校加强对学生的心理辅导，可以提高学生的整体心理健康水平和素质，也可以减少师生之间的冲突。

班内出现小群体，怎么办?

孔子说：“君子矜而不争，群而不党。”意思是说，君子庄重自尊而不与人争强斗胜，团结群众而不结党营私。

古人在结交方面是很慎重的。但是，人都是社会性的，不可能踽踽一人，需要结交。自古以来，人们都慎重对待与人交往这件事。

学生作为未成年人，他们的结交情况，不但影响他们自己，也会影响整个班级，直接影响个人品质的形成。

德育难题

在班里，我们可以看到这样的现象：一下课，学生们就三人一伙、五人一群，他们经常凑在一起或窃窃私语，或高谈阔论。他们放学一起走，作业一起做，甚至犯了错也一起承担责任。这样的结交，就是结成了“小群体”。这也就是人们通常所说的非正式群体。班级里都存在小群体。它们大多是以地缘关系、情缘关系为纽带，自由组合而成的。每个群体的人数不多，多的五六个，甚至十来个，小的也就两三个。别看那些群体人不多，但群体内部凝聚力强、情绪性强、制约性强，因此在某种程度上，成为班级管理乃至学校工作中不可忽视的存在。

小群体的形成，除了基于地缘关系和情缘关系，还有以下原因：

（1）兴趣爱好、个人志向或性格品质相近。结成小群体的学生，他们常常是一些有特长、有性格、有思想的学生。共同的兴趣、共同的志向，使他们志同道合，在一起常常有共同的话题，相近的为人处世的态度。他们在一起交流自己的所思所想所得，或一起研究某一具体问题，或争论某个热点问题等，灵活的信息沟通使他们交流兴趣浓厚，并互相补充，互相激励，共同进步。

此类小群体，属于积极型的群体。在班级管理中，他们常常能够起到推动班集体各项工作顺利开展的作用。

（2）经历、遭遇相类似。这些小群体的成员，有的父母不和、家庭破裂，有的拥有先天生性生理缺陷，有的智能低弱，有的犯过错误，有的受人欺负等。他们平时沉默寡言，往往成为被老师、同学遗忘的对象，很难从班上同学和老师那里得到关爱、温暖。他们容易产生孤独感，精神上得不到满足。于是，他们就想从与自己同病相怜的同学那里寻找友情，进而结成为小群体。这些群体中，有些是积极型的，有些是消极型的，甚至是抵触型的。它们的存在，对班级管理或有益，或有害。工作中，如果不能及时发现，正确引导，就很可能会成为班级管理工作中的阻力，从而影响到班级组织，也影响到学生品德的形成。

班主任老师必须及时发现，及时加强管理和引导。

问题诊断

有研究表明，规模小的群体要比规模大的群体凝聚力更强，它们表现出较强的稳定性。所以，班级小群体，很有可能比班级这个群体拥有更强的凝聚力。

中国的文化传统，特别适合小群体的生成与存在。中国人特别重视地缘关系、情缘关系和业缘关系，为小群体的形成提供了几乎是先天性的优势。别看学生年龄不大，却非常喜欢积极结交，形成属于自己的小群体。

学生中小群体的存在，对班级管理来说，有益也有害，班主任必须认真辨析，正确引导。

一般而言，学生中的小群体有三种类型：一是积极型。这是基于高远的志向、正确的观点和正当的兴趣爱好形成的。如爱好写作的结成的群体。二是中间型。指因地理因素和性格因素相似而结成的小群体。他们在班级中的作用不明显，一般情况下，也不违反学校或班级规章制度。三是消极型。此类小群体，一般都是由自己或家庭存在问题的学生组成的。例如为了对付其他同学组成的小群体，就属于此类。此类小群体，作用比较消极，甚至有破坏作用。

积极的小群体，它们因兴趣爱好而组成。对这些群体，班主任不能不分青红皂白一律取缔，要科学认识。因他们可能有某种特长，使班级更有活力。如爱好打篮球，他们经常在一起切磋球艺，不仅对他们本人，对整个班级也是一种积极的力量，对同学的影响是大的，也是深刻的、有益的。再如，一群书法爱好者经常集结在一起，交流经验，取长补短，共同提高，这不是很有意义的事情吗？

而那些消极型小群体，对班级的负面影响主要包括：

（1）削弱班级凝聚力。消极型小群体，有些时候其观念、利益可能与班集体产生冲突，有的学生就有可能会选择小群体，而与班集体利益、观念产生冲突，班级凝聚力就会被削弱。例如都是经常偷偷去网吧上网的学生结成的小群体，他们在一些问题的看法上就与班级主导舆论不同。一些不明真相的学生，就可能会悄悄加入，受其影响而产生班级离心力。

（2）方向性偏差。小群体中也有核心人物，该群体的所有决策几乎都与他们有关。他们的决策如果与班级发展方向相同，则对该群体而言，有着积极的促进作用。相反，如果他们的决策一旦发生偏离，则不论对班级还是对小群体都是非常不利的。尤其是对小群体成员而言，影响可能就是致命性的。例如发生在校园的一些欺凌现象，往往都是一些小群体所为。从发生的一些事件来看，都是由其中的一个人提议，其他同学响应所导致的。结果，小群体的全体成员都犯了同样的错误，有的甚至犯罪。

（3）影响正常交往。加入了小群体，他们的交往大多都局限于小群体内，排斥与小群体之外的其他同学交往。正常交往，应该是面对班上全体同学的，而局限于某一个小群体，排斥与其他同学的交往，把自己限制在一个狭小的范围之内，由于兴趣爱好完全相同，限制了自己的视野，限制了自己的兴趣爱好，对自己的成长是极为不利的。

（4）容易传播小道消息。有些时候，为了小群体的狭隘利益，他们有可能故意传播或制造一些谣言，会给班级造成不良的影响。例如，班上某同学妨碍了某小群体的利益，就造谣，对某同学进行人身攻击，致使该同学受到心灵伤害。有时还会给班级造成损失。如某群体出于某种目的，散布谣言，说班上要对一些学生进行处罚。结果，这部分学生意见很大，造成人心涣散。

一粒老鼠屎坏了一锅粥，某些小群体的存在，可能会导致整个班级人心涣散，班级工作低效或无效。

破解策略

小群体的存在，不像班级组织之类的正式群体，它们比较随意，并没有特别的名称，没有组织目标，也没有严密的组织结构，更没有注明结交的缘由。班主任必须常常深入班级同学中，进行摸底，了解、掌握其基本信息，为分辨与引导打下基础。班主任在掌握了学生小群体情况的基础上，分别采取措施，展开富有针对性的工作：

（1）积极型小群体——支持和保护。例如，几个爱好写作的学生，他们常常在一起探讨写作中的问题。很显然，这样的小群体，班主任应当鼓励，为他们的活动创造条件，与任课教师一起，引导、帮助他们取得更大进步，做全班学生的表率。

（2）中间型的小群体——关心和引导。这类小群体，在班上的地位和作用不太突出，常常被班主任忽视，有的则采取放任的态度。实际上，如果班主任认真分析一番，就能够发现它们在班上有一定的离心力，对班级凝聚力有一定的瓦解作用，只是不那么明显而已。班主任不应该漠视，相反，应该重视对他们的教育：一方面，提升其交往水平，向交往的深层次发展，使他们在理想、信念、价值观、道德评价上趋于一致。另一方面，引导他们与更多同学友好相处，广泛与全班同学交往，增加彼此的了解，在班上拥有和谐的人际关系。

（3）消极型小群体——正面教育。一是加强同小群体成员间的联系，了解尊重他们，理解他们，温暖他们，消解他们与班集体在目标和行动上的抵触情绪。二是掌握此类小群体形成的规律，预先做好工作。此类小群体的形成不是一蹴而就的，有一个过程。一般要经历这么几个阶段：萌芽期—发展期—成熟期。如果在在萌芽期能及时发现，及时引导，将会减少工作难度，还能够控制它们的发展，使它们向班级目标靠拢。三是有目的地把他们引导到适合他们兴趣的小群体中，鼓励一些品学兼优的学生在小群体中发挥“榜样”作用，逐步使小群体的活动得以控制，最后消失。万万不可把他们单独分成一个组，或者在思想中默认“他们是一伙人”，以强化他们的小群体意识，以致帮了他们的忙。四是对它们的消极破坏行为，绝不能退让、迁就，应该采取批评、处分等方式，使它们的行为受挫。小群体成员若出现与该群体目标不一致的行为，会遭到群体中核心人物及其他成员的打击、威胁，此时，班主任对他们这样的错误应当予以批评甚至处分。

班主任可以利用一些小群体的某方面特点，为实现班级目标服务。例如，可以利用小群体成员间心理协调、情感密切、有共同语言的特点，引导他们互相扶持，发扬优点，克服缺点，共同提高；利用小群体信息沟通渠道畅、传递信息快的特点，及时收集学生的思想动态，获得第一手材料，以便有针对性地做好学生的思想工作；利用小群体核心人物威信高、说话灵、影响大的特点，充分信任他们，调动他们的积极性，可以起到教师无法起到的作用。

任何小群体，都有自己的核心人物。他们对自己所在的群体有很大影响力。如果能够做好这些人的工作，就可以影响一批人。班集体建设中，班主任应当充分发挥这些人的作用。例如，在物色班长人选时，要关注小群体中核心人物的意见，使班长人选的确定有较广泛的群体基础。对一些沾有不良习气，品行较差的“头头”，需要进行特别教育。当他们表现良好时，及时给予鼓励；当他们破坏了学校纪律时，必须对他们进行严厉批评，不能姑息迁就。批评时，态度要诚恳，要把他们与他们所在的小群体区分开来，还要让他们感到你不是在控制他们的“山头”，而是为了他们本人，否则，他们就会指挥群体成员与你对着干，增加工作的麻烦。

学生精神生活贫乏，怎么办？

学校是一个培育精神、蓄养文明的地方。学校也应该是一个文化生活丰富，精神生活发达的场所。学校应该有丰富的智力生活，以让学生的智力空间大大拓展。

在这样的场所，学生精神的生长、品德的形成就有了保证。

“他们因为他们的晚餐价昂而自傲；我因为我的晚餐价廉而自傲。”当梭罗面对贵族的奢靡时，他宁愿过一种简单的生活，并且自给自足。对梭罗而言，这就是一种富有，是一种更可贵的精神的富有。

美国作家梭罗，向往着精神的富有，与物质富有无关。今天的很多人，则在物质富有时，有着贫乏的精神生活。学生也不例外。

德育难题

学生精神生活贫乏，特别是中学生的精神生活贫乏，已经是共识。

“考、考、考，老师的法宝；分、分、分，学生的命根。”生命所系，唯在分数，当学生把考试获得的分数，作为自己生命中最为重要的东西的时候，除此之外，他们还拥有什么？

学习和考试成了学生的一切。正常的学习时间，被应试填得满满当当。每天除了作业还是作业，他们有做不完的试题，有永远考不完的试，也有让他们时刻惦记着的分数。

正常学习时间之外，他们有永远上不完的各种各样的课外班：与学科学习相关的培训班，以及球类、棋类、乐器类等培训班，没完没了。

这样的状况下，学生还有精神生活吗？

（1）没有阅读的生活。现在，大多数学校的图书馆，虽然不能说“丰富”，但也不像原先那样，看不见书。可是，如果我们去查一查学校图书馆的图书借阅情况，或者作一个调查，看着学生的课余阅读情况，就可以发现，学生的课外阅读生活堪忧。一是阅读的学生人数少。很少有同学去借阅图书资料。二是阅读浅层次。读所有书籍，都像读小说一样，快速阅读一遍即完事，既不思考，也不回读。满足于“读”了，而不是有所收获。三是读不适合的书。图书市场，良莠不齐，什么样的图书都有。有些学生，喜爱阅读，但读了一些不好的读物，不但精神没成长，反而被那些书籍影响了，向着不良方向前行。

（2）手机生活丰富。游戏、聊天、上网……成为学生手机生活的主旋律。有的学生，上课玩手机，下课玩手机，考试仍然玩手机。碎片化阅读，情色窥视，火星语言……这些，几乎就是他们的手机生活。这样的生活，缺乏精神内涵，扁平化、碎片化是表面特征，不需要思考、不需要反思、不需要学习是其深层次特征。

（3）沉迷游戏。特指一些学生经常上网玩游戏。为了游戏，他们逃课，他们迷恋。

（4）喜欢八卦新闻。某个明星喜欢什么，某个明星的生日是哪一天，哪个明星又换男（女）朋友了，哪个明星哪一天在哪里演出……知道得越多，懂得越多，真正的精神生活就越匮乏。

（5）卡通画、小玩具等成为学生们精神生活的替代品。

精神生活表面的丰富，掩盖了内在的匮乏，学生生活在空虚之中。

问题诊断

陶铸说：“一个精神生活很充实的人，一定是一个很有理想的人，一定是一个很高尚的人，一定是一个只做物质的主人而不做物质的奴隶的人。”是的。精神是复杂的东西，它看不见，摸不着，但它实实在在充实着人，影响着人，也鼓舞着人。

一个有着丰富而充实的精神生活的人，其内心，其灵魂，也一定是充实的，丰富的。

精神生活贫乏，导致的是心灵世界的单调与枯萎。

精神生活贫乏，造成学生心灵世界的干枯。人最可怕的是心灵世界的枯萎。心灵世界支撑着人的灵魂。缺乏丰富精神生活的学生，看不到人生的光芒。他们所看到的，都是人的苦闷、人的失望等负面情绪、负面情感。而一个生活在此种世界中的学生，缺乏人生理想，看不到生活的多姿多彩，也享受不到生活的快乐。那些一心一意于学习、考试的学生，只有考试分数可以让他们快乐片刻，高兴一会儿。而分数，则是枯燥的，乏味的。那些数字，只会让在乎数字的人感到快乐，感到享受。

一个个本来生龙活虎的青少年，缺乏丰富的精神生活，生活的乐趣，人生的乐趣，从何而来?

精神生活的贫乏，造成校园生活的单调。校园生活本来应该是丰富多彩的，但在考试取代了一切的时代，校园生活只不过是点缀而已，缺失了本身应有的价值。

精神生活贫乏，便不会开展丰富多彩的活动。以考试为主要目的的学校教育，精神生活几乎等于零，校园生活也自然单调，而且单调到了只剩下学习与考试了。

破解策略

目前，考试与分数就像一座大山，压得学生喘不过气来。就目前的教育体制而言，要彻底搬掉这座大山，尚不太可能。但是，在无法改变现状的条件下，班级生活怎样才能更富有精神内涵？这是班主任必须设法解决的问题。

（1）丰富班会课内容。一般而言，班会课每周一节，这是课表上已经安排好了的。但是，现实却告诉我们：班会课徒有其名，一般都会被班主任用来做其他事，或者干脆被用来上学科课程，例如上语文、数学、英语等。实际上，班会课上，可以用来讨论一些具体问题。例如，有的班主任常常与学生一起，在班会课上讨论诸如此类的问题：“老人摔倒，到底该不该扶？”“长大后，想干什么？”“假如我拥有 100 万元，我想用来干什么？”“为什么有的人那么爱钱？”……这些问题，表面看起来与学生的学习没有直接关系，也与他们考试拿高分无直接关系，但确与学生的精神世界直接相关，与他们的心灵世界直接相关。经常进行这样的活动，上这样的班会课，可以让学生暂时摆脱学习带来的紧张与烦恼，可以获得心灵世界的轻松与开放。他们在思想的撞击中，在对话中，心智得到了磨砺，心灵世界得到了丰富。在他们面前，世界更加可爱，人生更加绚丽，至少不至于太单调。

（2）师生共读。目前，阅读是很多班级积极开展的活动。但这些活动存在一个问题，那就是班主任不参与，只有学生参加。所以，整体而言，学生的积极性并不高。师生共读就不一样了。班主任与学生共读一本书，如果班主任动员语文任课教师一道参与，或者班主任本来就是语文教师，那就更有成效了。

读书就是读人，就是读“我”。师生在共读阅读一本书的过程中，进行适当的交流，适当的沟通，领会书中的奥秘，体会与作者的共鸣。

老师自己的带头示范，是最为重要的。老师要把自己的阅读所得，与全班同学分享，并让学生也进行这样的交流。读书与交流融合在一起，读书的价值就成倍提升。

读书如果再与写作相结合，对读书者的触动就会更深刻。

写作，一定得是在读书与思考的基础上进行的。没有“读”与“思”，“写”就成为虚浮，成为纯粹的写作。有了“读”与“思”的基础，“写”就有了着落。

这样，学生在整个参与过程中，精神世界就获得了极大的开拓，内心就会更加充实。

（3）参加社会实践。参加社会实践，对城市学生而言，不是难事。城市学校可增强联系社会生活的力度，让学生在与社会生活的零距离接触中，领会生活的真谛。

目前的问题在于农村学生。他们虽然生在农村，长在农村，但对农村却不很了解。一些农村学生，不用直接参与各种农村社会实践，更不用说参与农业劳动了。

班主任需要与家长多沟通，让学生积极参与力所能及的社会实践活动，参与农村社会生活，以便获得直接的社会感受。

（4）举办活动。要丰富学生的精神生活，还可以开展一系列的活动，如登山、晚会、朗诵等。还可结合各种节日开展活动，让学生体会到节日的快乐和意义。虽然说，很多重要的节日都是假日，但活动可以提前搞，只要能够借节日开展活动，让学生高兴就行。如果这样进行德育，学生会翘首期盼。所有班级活动，班主任都要在活动前做好充分的准备，动员学生一起参与，以学生为主体，学生唱主角，班主任不要越俎代庖，自己包办。因为准备的过程本身就是学生学习的过程，可以让学生在准备中，多接触新的事物。学生既得到锻炼，又可以充实自己的生活，一举两得。

第四辑

德育实施棘手问题的诊断与应对

德育的实施，并非所想象的那么容易，还存在着一些比较难以解决的棘手问题。这些问题的存在，影响着学生良好品德的形成。

课堂教学是学校德育的主战场、主渠道。中小学开设的所有学科，都是对学生进行政治教育、思想教育和品德德育的途径。但是，现实中，课堂教学中的德育却存在着一些问题，等待着我们去破解，去开出有效的药方。

班会课走过场，怎么办?

班会课的意义在于针对学生的思想动态或存在的问题，以及校内校外的思想动态，展开讨论，帮助学生进行分析、分辨，从而形成正确的道德思想、观念。

然而现实中的班会课却不完全如此，形式化、走过场是真正的情况。

德育难题

班会课走过场的表现有：

（1）方案很华美，课堂却很粗陋。有的班主任，班会课设计得很美丽，目的、重点、方法、途径等等，应有尽有，一样不缺。尽管设计很可观，但真正的班会课，仅仅是让几个学生上讲台，说几句话，老师总结一下，最多10分钟就结束了，学生几乎没什么收获，没有达到有效德育的目的。

（2）心血来潮，感觉很长时间没上班会课了，就临时决定，在上完了自己所任教的科目的课之后，还剩下几分钟，就在黑板上写上几个字——“某某主题班会”，看上去很正规。实际上，只不过是临时计策，开个简单的班会。如果寄希望于这样的班会解决学生中存在的什么具体思想问题，那就是期望过高了。

看似很像模像样，实际却是马马虎虎只有样子，而无实际内容，这不可能解决学生的思想问题。

问题诊断

走过场，主要用来形容办事只在形式上过一下，不实干。班会课走过场，就是指有些班会课，只有形式，缺乏内容，纯粹是形式主义的做法。表面上轰轰烈烈，实际上冷冷清清，这就是一些班会课的实际情形。

班会课走过场的现象，不是一两所学校的事情，具有一定的普遍性，尤其是在应试教育的大背景下。

之所以出现这种状况，原因较复杂：

（1）被应试工作掩盖。可以说，现在的学校工作中，应试和安全是两大不变的主题。一所学校，应试是全校工作的重中之重；一个班级，让学生学会考试，也是重中之重，马虎不得。尤其是，一个班级如果学生的学习成绩不理想，或者在中考、高考中成绩不理想，班级工作做得再好也是枉然，也不会被认可。既然如此，一心一意搞应试，班会课干脆放弃，不是有更多精力搞应试吗？那也不行。班会课不能少，两者必须兼顾。这样，学校在总结工作时，材料就更丰富。这就导致班级工作中，班主任一方面要抓好应试工作，一方面还要抓好班级其他工作，其中就包括了班会课。为了应付，班主任就一手软，一手硬。而且，班会课是学校布置的、必须开展的工作，学校会定期或不定期检查，班主任为了应付了事，就只好走形式，装模作样走过场了。

（2）教师精力有限。一堂成功而高效的班会课，不是班主任心血来潮，拍拍脑袋就能做好的，需要精力与智慧的投入。而我国的中小学班主任，大多都是学校的教学骨干，一般课堂教学的工作量，都在每周 12 节以上。每天的备课、上课、作业辅导与批改等工作，花费了他们大部分的精力。仅仅备课与作业批改，就是两件大事情，需要花费大量的时间和精力。一位班主任，很难做到每节班会课都精心准备，又精心组织。

（3）缺乏监督与评估机制。班会课是学校德育工作的重要组成部分，是班级德育工作不可或缺的重要途径。在学校层面，一些学校缺乏监督与评估制度，满足于班会课的“有”与“无”，而不是工作效果的“好”与

"差"，只要开了就行。甚至在规定的时间内，班主任向学校上交了有关班会课的材料就可以。至于班会课的开展过程、内容及效果等，统统不在学校德育工作的考核范围之内。在这样的制度下，走过场是很容易的一件事。

问题是，作为学校的德育工作，难道就这样匆匆而过？

从更深的层次上来说，一些有板有眼、看起来热闹，实际上只是养眼的班会课，又何尝不是在走过场？在走秀？有些公开展示的班会课，不论在内容还是在组织上，看起来非常出彩，但学生也仅仅是在做着走秀与表演的事，其实际效果大打折扣。形式主义的做法遮蔽了人们的眼睛。

（4）班主任的主观原因。现实中，一些班主任的工作态度不敢恭维。他们责任心不强，表面应付，缺乏一颗为学生发展打基础的心。学校要求的各项工作，都能够完成，但都不是很认真地完成。自然，他们的班会课既无主题，也无要求，更没有总结，一切都是为了应付。

当然，以形式主义为主要特征的班会课，肯定不会取得很好的效果。这里的效果指的是真正触及学生的思想和灵魂，触及学生品德。

破解策略

成功的班会课，一定是既有制度上的科学考评，又有科学的监督机制，更有班主任自己的勤奋工作。

要想班会课有实效，需要从以下几方面入手：

（1）摸清班情。班会课是根据班情需要而进行的。所以，在课前摸清学生的思想动态就显得尤为必要。例如，近期班上有哪些同学进步或退步了，需要怎样的帮助，有怎样的思想动态，同学关系如何……作为班主任，要与学生多沟通，多交流，才能真正了解学生，懂得学生心理。如果是新生，班主任更需要深入到学生中间，主动与学生打交道，关心他们，帮助他们，把共性的问题拿到班上作为班会课主题。例如由走读生变成了住校生，新生一到学校，突然感觉到自己难以适应，产生了焦虑情绪……这时，便有必要开一次班会疏导学生的情绪。

（2）确定好主题。班会课大多都是以某一主题为核心而进行的。班会课的主题，切忌拍脑袋和心血来潮，或者过于空泛。这些，都是确定主题最忌讳的。拍脑袋和心血来潮，是没有任何准备的结果，更不用说针对性了。

至于怎样确定班会课主题，可以从以下方面着眼：

①根据学生的学习生活、思想动态确定班会课主题。这是最为常见常用的思路。班会课的主要目的就是为学生服务。主题来自学生的思想和学习实际，帮助他们解除思想困惑，解决实际问题，本来就是班会课的根本目的。班主任可以根据自己所掌握到的情况确定主题。班主任要及时了解学生的学习生活情况和思想动态，以确定一些带有普遍性的问题，开展主题班会活动，适时地帮助学生廓清是非，提高认识。

②根据节日、纪念日确定主题。有一些节假日，可以直接被确立为班会课主题。尤其是一些传统节日，如清明节、端午节、中秋节、春节等节日，都是非常好的班会课主题。

③根据时事确定主题。中国早就加入了世界一体化进程，中国的发展与世界的发展联系在一起。国际上发生的大事，我们可以及时知晓。国内发生的大事，也迅速被传播。例如球赛、奥运会，又如拍照与救人哪个优先，小悦悦被汽车碾压却无人施救事件……这些都是道德教育的好素材，都可以拿到班会课上直接讨论，让学生充分发表意见。

不论主题如何，只要设计成开放性的问题，就可以让学生展开辩论，让他们全方位参与，获得更大收获。

主题的确定，可以与学生商榷，或者让学生自己去设定。

（3）形式多样。班会的形式，可以多样，不必局限于一板一眼的推进模式，也可以让学生自己针对某一个具体问题展开讨论。多样的形式，可以激发学生参与的积极性。

（4）提升班主任的专业素养。一堂成功的班会课，可以检验班主任的专业素养。一定程度上可以说，班会课上得如何，班主任的专业素养就如何。一个高素质的班主任，班会课既受学生欢迎，效果也丰厚；相反，一个专业素养有欠缺的班主任，班会课的效果便会打折扣。

而要提升班主任专业素养，自身努力最重要，还需要学校走出去与请进来相结合，开阔他们的视野，使他们在开阔的视野中勇于实践，在实践中不断探索。

唯知识或唯考试而无德育，怎么办？

德育课上，唯知识与唯考试的现象比较严重。在一些教师的德育课上，充斥着知识的传授，认为：道德知识一传授，德育教学就算成功了，学生的考试成绩也不会差；学生德育考试成绩好，就算德育教学效果好，否则，就是失败。

德育难题

当前，德育考试知识化倾向严重，考试以知识为基本导向。

人教版《思想品德》九年级上第十课《选择希望人生》的教学内容为：

1. 什么是理想？什么是人生？

理想是我们在学业成就、未来职业、道德人格甚至家庭生活方面追求的目标，代表着我们对生命的一种盼望，反映了我们对生活的积极态度。人生就是立足于现实、不断追求各种具体理想的历程。

【活动一】在确定报考研究生以前，小张的生活状态是怎样的？

2. 理想的作用

理想总是指向未来，表现为奋斗目标，对人的行为有导向、驱动和调控的作用。如果缺乏理想，就会使人缺少一种稳定、持久的内在激励，容易受到各种干扰；如果缺乏理想，我们的学习与生活就会缺少前进的动力，甚至会迷失方向。

理想激励着我们不断超越自己，让我们充满了实现自身价值的喜悦，使我们的人生充满幸福。亿万人民在追求自己理想，特别是追求美好社会理想的过程中，推动着社会向前发展。

3. 通向理想之路

（1）由于外在环境和自身条件的局限，理想和现实之间总会有些差距。（2）如何才能使理想变为现实？

【活动二】你对他们的理想有什么看法？

教学过程中，很多教师在教授“活动一”和“活动二”时，没有充分展开，而是直接让学生给出答案。

问题诊断

教育的重要目的就在于对学生施加影响，使受教育者以积极的态度，与教育者进行对话、体验和践行。

一堂课，如果对学生没有什么影响，或者影响很小，很难被看作好的教学，这是基本的常识。但是对德育课堂，在遇到这个问题时，我们停止了思考，没有再深入思索和探索。这就使一些老问题仍然成为问题，成为德育课堂的痼疾。

这样的德育课教学，特点很突出：

（1）只进行知识讲授。教师直接讲授“什么是理想”“什么是人生”“理想的作用”“通向理想之路”，课本上直接给出了答案，已经没有什么思考的余地了。两个活动，就是为了让学生借助思考、感悟展开对话，教师却把它们缩略了，这是巨大的遗憾。

以知识为基本内容，向学生传递知识，意图施加影响。而实际上，这样的知识传授，虽然不能说没有效果，但其效果可能并不理想。这样的教学，没有理会学生接受与否，理解与否，准备实施与否。有人举过这样的例子：在火车站或者飞机场，工作人员也通过一定的方式向乘客讲述乘坐的注意事项，其目的在于让乘客明白要注意的事项。至于实际效果如何，主要看乘客是否遵照实行。车站或者机场工作人员的讲述，与教师在学校向学生的讲授，何其相似。两者目的都在影响倾听者。我们能把车站或机场工作人员的讲述称为教育吗？以知识传递为主要方式就是只管耕耘不问收获的方式。学生完全处于被动倾听的状态，思维未被激活，生活体验完全处于沉寂状态，学习效果可想而知。

（2）照本宣科。直接将课本当作学生获取知识的来源，课本知识成了教学的唯一资源。这是懒惰，更是不负责任。学生成了知识的接收器和容器。美国教育梅格斯奖获得者安德鲁说："平庸的教师传达知识，一般的教师解释知识，好的教师演示知识，伟大的教师激励学生去学习知识。"由此看来，照本宣科式的教学，完全属于最低档次的教学，只对应试有所帮助。

照本宣科的教学，学生的思维基本上处于与教学内容无关，或者低相关的状态，学生连简单接受都不太可能，更不用谈与自己原先所拥有的内在知识进行顺应或同化了。其效果不言而喻。

（3）只注重知识本身的传递，而不关注学生的健康成长。知识完全与学生的心灵世界相隔绝，完全是外在于学生的东西，高于学生的东西。这样做的结果是，把"人与知识之间的关系看作确定的主客体关系，教学就是教师引领学生掌握知识的活动，掌握知识成为学生学习的目的，人因此变成知识的附庸，为了学习而学习"（靳玉乐:《理解教学》，四川教育出版社，2006 年 12 月）。知识灌输的结果是，学生的品德并没有得到提升，学生反而丧失了作为整体的人的丰富性。道德是包括知、情、意、行等方面内涵的，知仅仅是其中的一个因素，况且这一个因素的教学效果也难以让人满意。

（4）为考试而教。当前的德育课程考试，基本上也只是侧重于德育知识的考试，至于道德的其他方面，被排斥在考试之外。况且，道德因素中的知，还包括认知。而以知识传授为特征的教学，却只有知识的传授，而无认知的教学。本来的四轮驱动，变成了只有半个轮子在动。只有人类认知的成果传授，缺乏学生认知的参与，这不能不说是德育的遗憾。

结果，高分低德、高分缺德者大有人在！

破解策略

简单的知识灌输，与真正的德育相差甚远。如何缩短乃至消除这一差距，使德育课教学真正落到实处，让学生有德育的获得感？我们需要付出巨大努力。

道德教育应该贴近生活，贴近学生个体，以求实效。这才是德育课教学应走的路子。

（1）价值澄清教学。它所强调的是，道德观或价值观不能靠灌输，需要经过学习者的自由选择、反省和行动澄清而逐渐形成。教学过程中，教师通过暗示、鼓励、询问、设难等提供参考资料和意见，引导学生回答一些有启发性的问题，学生通过教师的启发和引导澄清自己模棱两可的、非道德的或不正确的价值判断。这种教学，可以提高学生的道德判断力，形成与社会主流价值取向相适应的价值观。

下面这个例子就很有启示意义：

美国某小学学习中国文化，教师讲了孔融让梨的故事后，问一个学生："你会把盘子里的大梨让给邻居男孩吗？"这孩子回答："不会。"教师问："为什么？"他回答："他吃什么东西都会剩下，我如果把大梨给他，他会剩很多，那不浪费了吗？"

教师问第二个孩子："你会把大梨让给别人吗？"他也回答："不会。"教师问："为什么？"他说："我拣大的吃，我爸爸妈妈才会高兴。"

教师又问第三个孩子："你会把大梨让给弟弟吗？"他也回答："不会。"教师问："为什么？"他说："大孩子吃大的，小孩子吃小的，这样才公平。"

教师问第四个孩子："你会把大梨让给哥哥吗？"他也回答："不会。"教师问："为什么？"他说："我哥哥很坏，当然不能把大梨让给他。"

教师再问第五个孩子："你会把大梨让给哥哥吗？"他挺痛快地说："会的。"教师问："为什么？"他说："我不爱吃梨，都送给他好啦！"

显然，教师注重的是每个孩子的个人意见，不并求大家看法一致。这位美国老师采用的是价值澄清法。

让学生在具体的情境中学会根据实情判断。孔融让梨的故事，在中国家喻户晓，但在价值判断上几乎没有二致，都是称赞孔融的高尚。美国小朋友则是根据自己的理解，分别作出了自己的个性化理解与判断。他们真正在具体情境中学会了自己如何独立面对价值选择的问题。

（2）活动教学。这是中小学课堂教学中常用的方法，形式有讲故事、问题讨论、做游戏、情景角色扮演等，把呆板的灌输变为了学生的有趣参与，深受学生喜欢。教学中，教师本着学生为主体的原则，将课程的相关德育内容与学生可接受的各种生活、故事、游戏结合起来，引发学生兴趣，鼓励他们积极投入到教学活动中。通过参与活动领悟所学习的内容，学生从实际体验中受到教育。例如《对垃圾食品说不》的教学，目的在于让学生了解哪些是垃圾食品，不吃垃圾食品。教学中，就可以发动学生，说说自己喜欢吃哪些食品，然后告诉学生他们喜欢吃的食品，哪些是垃圾食品。明白了自己原先喜欢的美味食品，竟然是垃圾食品，一下子难以接受，才会触动更深。然后，趁热打铁，让学生明白要吃健康食品的道理。很自然地，就引出了下一个问题：怎样才能不吃垃圾食品？又引导学生思考，回答。学生在垃圾食品与非垃圾食品之间，就可以明确进行分辨。而且，这样的结论，是靠思考得来的。

这就很成功地避免了直接的知识灌输，让学生在充分展开了的过程中，去体验，去感悟，去分辨，从而形成自己的观点。

（3）情景陶冶。这是一种渗透法。它表面上虽然“无言、无形、无求”，实际上却渗透了某种价值观，通过某种情境构成直观课程，也能取得潜移默化的效果。例如加强学校制度建设，树立文明的校风及建设美丽整洁的校园，积极为学生创建文明优雅的校园环境，可以使学生的道德情操在潜移默化中受到熏陶。

教师德育观念落后，怎么办?

教育中，教师的作用无论如何强调都不过分。这样的观点，并没有区分出正面与负面，或者零影响。我们可以假设，如果一位德育教师，德育观念落后于时代，落后于现实要求，那又会造成怎样的影响？怎样才能走出这样的困境？

德育难题

德育要取得确实的效果，让学生真有获得感，教师的观念特别重要。与时俱进，是当今时代发展的要求，也是学校德育工作的基本要求之一。

观念落后，就是观念落后于时代，落后于德育工作的要求，因而严重影响了工作的效果。

（1）唯书是教。把课本知识看作德育课程教学的唯一资源。德育课上，离不开德育课本，置丰富的课外德育资源于不顾。尤其是把活生生的生活置于德育课堂之外，本来一些可以联系生活，联系实际的教学内容，也基本上不予理睬。例如远离网络之类的内容，联系班上一些学生迷恋网络而影响了学习的实际，教学内容便可以丰富生动得多，实际效果也要好得多。

这样的德育课，拒丰富生动的生活于门外，把自己封闭起来了。

（2）重他律。道德教育的根本目的在于让学生在走上社会后，能够严格遵守法律，遵守社会道德。这样做，靠的是自律，而不是他律。这就需要从小培养起学生能够严格自律的品德与惯习。

不可否认，有的教师在观念上，仍然把外在的律令作为教授的重点，仍然只重视外在律令的约束，而很少去关注学生通过自身的努力严格遵守各种可见的与不可见的律令。教师要重视实践中的锻炼。忽视了实践，就忽视了自律。远离了实践的道德教育，很难培养起学生自律的习惯。

（3）重教轻导。“教”是我们一贯重视的。我们的教科书，我们的教学论，基本上都是研究“教”，而很少关注“学”，这几乎是我们的传统，现在仍然没有很大的改观。于是，课堂上我们只看到老师喋喋不休地讲述，很少见到耐心细致地引导；常常见到这个方那个法，很少见到这种“学”那种“导”。

“教”强调的是教师的地位，“导”突出的是教与学的双方平等。重教轻导，就无视了学生的存在，片面突出了教师的作用。而“导”除了强调师生的平等外，还强调了针对性，因为“导”总是针对学生学习过程中的问题而实施的。

以上仅仅列举了几种落后观念。实际上，德育观念的落后，几乎是整体性的，绝不止于这些。

问题诊断

教师德育观念落后，主要表现为落后于今天的时代，落后于学生的思想实际，落后于学校德育工作的具体要求。观念落后的教师，德育的效果，可想而知。

一些教师的德育观念之所以会落后，主要原因是：

（1）思想僵化。这是最为主要的原因。一些教师，刚迈出大学校门的时候，满怀着理想和激情。这是十分难能可贵的。他们心目中的“鸿鹄之志”，对工作的激情，促使他们冲破诸多传统的观念，从学生的实际需要出发，从德育工作的需要出发，对学生进行实实在在的道德教育、品德培养。他们方法多，点子多，途径活，深受学生欢迎。但是，此种情形基本上只能维持一两年。一两年后，学校教育这一“染缸”，就把他们染成了大众色彩，与整个体制打成一片了。身上的棱角全被磨光了。此时的教师，接受的是现实教育所需要的一整套东西。这一套东西，虽然不让人激动，让人欣喜，但管用，并在现实乃至功利目的的诱使下，不断被强化、被细化，成为实用技术。

尽管新课程理念、新课程口号喊得震天响，但你喊你的，我干我的，井水不犯河水。到了需要的时候，也用新课程的新理念临时包装一下，让人感觉新课程真在他们那里得到了实施。但是，他们扎扎实实干的，仍然是老一套。口号是新的，实践是旧的；鞋子是新的，道路是旧的。

教师思想观念的僵化，直接导致德育观念落后。

今天的学生，生活在社会高速发展的时代，信息来源广泛，渠道多元，观念新潮，思想活跃。如果要让他们脚踏今天的土地，接受过去了多少年的内容，他们不反感是不可能的，你还要让他们欣然接受，不是难为了他们?

改革开放都几十年了，新课程的实施也十多年了，如果我们的观念仍然停留于过去，实在是不应该的，也严重影响教育效果。

（2）大一统考试体制的束缚。考试引导教学，考试领导教育，已经不是什么新观点，而是活生生的现实。尽管我们的考试也在慢慢进行着改革，不断向着人性化的道路迈进，但是毕竟是一张试卷的天下。有时候，为了控制阅卷时的误差，命题者只好选择一些客观性更强，答案相对确定的试题。教育教学在考试所预定的轨道上才比较保险。如果新的探索导致学生考试成绩不佳，教师的责任就大了，让人难以承受。教师只好小心翼翼，担心有什么失误，造成学生考试成绩不佳。

（3）安全压力大。近年来，学生安全问题成了学校工作的头等大事。学生在校期间绝对不能出现安全事故，否则影响就大了。所以，封闭式德育，关门搞德育，就成了绝大多数学校的做法。本来，让学生走出校门，走进社会，直接参与一些社会活动，或者学校组织的活动，可以让他们直接面对社会，丰富他们的心灵，有助于良好品德的形成，但学校怕出安全事故，直接取消了此类活动，让学生直接待在教室里。教师也只好抱着“多一事不如少一事”的想法，乐得清闲。久而久之，就形成了关门实施德育的观念。

著名特级教师王栋生老师说:“最可怕的是，一群愚蠢的教师在兢兢业业地工作。”

破解策略

教师受到的束缚多，思想僵化，观念落后，这是目前学校德育工作中的一大顽症。一些学校，为什么新口号喊了多年，德育工作仍然老模老样，毫无起色？原因就在这里。怎么办呢？

（1）解放思想。教师思想僵化，导致了德育观念落后，解放思想是一剂良药。

（2）树立高度的责任感和使命感。教师要把自己所从事的工作当作事业来干，基于把学生培养成品德高尚的人的高度来干好自己的本职工作。教师面对学生的时候，要为学生的健康成长着想。这样，我们就有一种非做好自己本职工作不可的冲动，就会促使自己去努力做好工作。

学生的思想品德教育工作，面临的情况是复杂的，需要教师付出诸多努力。没有高度的责任感和使命感，是不可能做好的。工作中的难题，需要教师去解决，没有责任感和使命感就会在面临困难和问题时，临阵脱逃，而不是正面迎接。例如面对关门教学的问题，教师可以在自己的教育教学实践中去摸索和优化，即便是在“螺蛳壳里”，也要做出好“道场”，把课上得更好，更有水平，取得更好的效果。

（3）着眼于未来。要敢于突破“惯例”，在发展中不断创新。教师德育观念落后，一个非常重要的原因就是在面对新情况、新问题的时候，总是回头看过去，看看过去有什么成功的经验，有什么绝妙的高招，而不是面对实际，看清眼前的问题，总是一味使用所谓的“惯例”。教师需要清楚的是，过去的“惯例”虽然有效，但未必适合用来解决眼前的问题，因为眼前的问题可能有了新的内涵、新的性质。例如，同样是两个学生打架，原因却可能完全不同，我们就不能不管三七二十一，用原先屡试不爽的方法去处置，很可能不奏效，而应该探明内情，采取针对性强的措施。

再如，面对学生留长发的现象，过去很多学校习惯采取强制性的措施把学生的长发剃掉。这种强制性的措施今天就不一定管用了。如果仍然强制剃头，可能招致学生的反抗，严重的，还可能导致冲突。

新问题，要采取新措施。与时俱进是一个当代教师必须具备的品质，否则就会落后于时代。

（4）不唯书，不唯上，只唯实。教条主义与本本主义，是教师思想僵化的又一源头，我们必须保持清醒的头脑，做到一切从实际出发，实事求是。实际上，教师每天都在进行着复杂的教育教学实践，做的都是实实在在的具体工作，处理的也是具体的事务。按理说，从实际出发更加有利于工作中问题的解决，有利于工作的推进。可是，我们却偏偏喜欢从书本上找答案，从上级领导那里找答案，从名师那里讨"药方"，从文件上读"精神"。这就是观念僵化的一个源头。总是在等着现成的答案，现成的妙招，而不是自己开动脑筋，进行探索、摸索。当然，他山之石，可以攻玉，但如果不看自己所面对的实际问题，盲目搬来他山之石，非但不能攻玉，反而会把事情搞砸。

新的思想，新的观念，实践是源头。教师不能像买鞋的郑国人那样，只相信尺码，不相信自己的脚。

（5）不断深化认识。要在新的实践的基础上，不断地深化认识、扩展认识并把认识向前推进。实践是在发展的，作为教师的我们也应该随着德育实践的发展，而不断研究新的问题，探究新的道路。

教师思想解放了，考试体制的束缚、社会大环境的影响，都可以正面对待，采取切实的方略，进行良好的道德教育。

惩戒失当伤害孩子心灵，怎么办？

惩戒，顾名思义，包括“惩”和“戒”两层含义。“惩”即处罚，是一种手段；“戒”是警告、劝诫人们改正错误，是这种行为期望达到的目的。

惩戒是手段和目的的统一。它虽然是一种特别的教育，但在目的上，是期望学生进步。

惩戒与体罚需要区分开来。两者的区别不在于是否打了学生，而在于是否伤害了学生。合理的惩戒是一种教育，教师应该拥有惩戒权，同时，教师也应该合理利用惩戒权。在具体操作过程中，教师特别要掌握好惩戒的“度”，超过了一定的“度”，就是失当，就是体罚。

有位女生打架，学校对她进行了点名批评，女生回家后就喝农药自杀了！女生在遗书中这样写道：“我再也没有勇气走进学校大门了！”

人人都说惩戒教育的必要性，但学生能接受多少、真正能承受多少，是一个值得深思的问题。

作家魏巍曾经这样回忆他小学时候的班主任蔡老师：“她从来不打骂我们。仅仅有一次，她的教鞭好像要落下来，我用石板一迎，教鞭轻轻地敲在石板边上，大伙笑了，她也笑了。”

教鞭高高举起，轻轻敲下，教师将深沉的爱融化在这个过程中，定格成为师爱的至高境界。

德育难题

教师的惩戒，目前还存在一些问题。问题有：

（1）当众罚跪。罚跪，这是中国传统教育中非常有效的方法，以至于直到今天，在家里，在学校，仍然有人把它当作教育孩子的好办法。殊不知，这种在古代相当有效的方法，在今天却成了问题。

有单独罚一名学生当众下跪的，也有罚学生集体下跪的：

2017 年 5 月 9 日，某校班主任老师当众让郑某、王某、赵某、李某、徐某、杜某、刘某等 7 名学生下跪，对学生拳打脚踢，扇耳光，并用电线殴打辱骂学生。跪地学生前面还有一排学生靠墙站着，侧面也有学生靠墙站着。

这位老师这样做的原因是，他们没有背完历史课的内容，把他们叫到走廊处，让其下跪。

（2）语言刺激。语言是用来交流的工具，轻柔的语言给人带来温暖，讽刺、挖苦的语言则伤害人的心灵，成为伤人的武器。

小明在小学就读，期末考试时，他考得不理想，三门功课不及格。家长会上，老师把他的成绩向家长通报，并对他母亲说："小明真是无药可救，他不是读书的料啊……" 回家后，妈妈严厉地责骂了小明，重复了一遍老师的话。小明受到严重的伤害，觉得自己在家里被父母看不起，在学校被老师讥笑。第二学期开学后，小明害怕上学，一个人常常躲起来。勉勉强强，小明才毕了业。老师或家长的一句严厉的训导语言，往往由于过重，对孩子造成了语言伤害。

曾经，重庆市一名女生上学迟到，被老师嘲讽："连坐台都没资格。"女生因此跳楼自杀身亡。

老师，请管好自己的嘴巴。

（3）公开学生隐私。学生的个人隐私，也和成年人一样，是受保护的。可是在中国，孩子被当作大人的附属品，没有独立的人格，他们的隐私，大人们也可以随意地公开。

某学生因成绩较差，无法再升学，学校要求父母去医院为孩子开具“中度智力低下”的证明。证明开出来之后，学校竟然公布出来。任课老师也在课堂上屡次当众侮辱该学生是“弱智、白痴”，因此引来了其他学生的嘲笑、殴打。该学生后来被诊断患了精神分裂症。

学生个人的隐私，不能够公开。一旦公开，就是侵犯了隐私权，给学生造成精神上的损失，问题更严重了。

问题诊断

2016 年 12 月 30 日，山东省青岛市发布了地方性规章《青岛市中小学校管理办法》，规定：“中小学校对影响教育教学秩序的学生，应当进行批评教育或者适当惩戒。情节严重的，视情节给予处分。学校的惩戒规定应当向学生公开。”

国家也有部分与教育惩戒相关的规定。例如，教育部出台的《中小学班主任工作规定》第十六条规定：“班主任在日常教育教学管理中，有采取适当方式对学生进行批评教育的权利。”

有媒体曾经针对教育惩戒权展开过调查。面对“‘熊孩子’该不该接受惩罚”这一问题，有超过半数受访者认为“应该，严师出高徒”；有近四成受访者认为不应该，教师对学生起着示范作用，动不动惩戒学生不仅有违师德，更不利其健康成长；还有 3.6% 受访者表示无所谓。

在“您怎么看待青岛提出的‘教育惩戒权’”的问题上，有 35% 的受访者认为，惩戒本身就是一种教育手段，青岛的做法为全国开了一个好头；有 27.1% 的受访者认为，需厘清“教育惩戒权”与体罚的区别；还有 37.9% 的受访者则表示，需从细则上进行规范，对惩戒的方式和范围作出界定，如明确怎样进行训诫、隔离、剥夺某种特权等，避免惩戒失当。

怎样的惩戒是失当的？惩戒对象不能够接受的程度或者方式方法，就是失当的。能否接受，与时代有关，也与具体的学生个人有关。例如学生早恋问题：20 多年前，对早恋的学生，学校可能会采取公开惩戒的方式，学生基本能够接受；现在，如果再采取这样的方式，则可能遭到学生的强烈反抗，还有可能发生不测。实际上，即便是在同一个时代，在惩戒早恋这个问题上，不同的学生，态度也不可能完全一致。有的，默默接受学校的强制措施；有的，则不太情愿，只是出于某种原因不好反抗而已。现在的学生，自尊心更强，对他们进行惩戒，就需要充分考虑各种因素。像前文提到的那位女生，学校点名批评后，就回家喝农药自杀了。她的承受力就比较差。如果学生能够接受，就不至于出事。这是目前学校惩戒措施难以操作的原因所在。

心灵受到伤害，则更是一个难以把握的问题。对自尊心特别强的学生来说，更容易被伤害，而对自尊心不那么强的学生而言，则受伤害的可能性要小。对个性特别要强的学生而言，他们可能对老师的惩戒持强烈反对的态度，但心灵并不受伤害。他们之所以反对老师的惩戒，可能完全是出于个性。例如一个爱玩手机游戏的学生，你罚他站，他可能强烈反对，但并不意味着其心灵就受到了伤害，可能仅仅是因为剥夺了他玩游戏的权利而懊恼。站不站，站多久，他可能都不在乎。而其他的学生，则可能是另外的态度。例如，某学生上课在玩手机，任课老师收缴了。该学生竟然气呼呼，跑到讲台上把手机抢了回来，并对老师表示了轻蔑。

老师在惩戒学生的时候，千万不要太随意，以自己之心度学生之腹，要根据不同学生的不同个性，区别对待。例如，同样是学习成绩不理想的学生，在批评时，不能采用同一种方式方法，应该分别依照他们的个性特点来进行。

尊严，是与人的人格、脸面相联系的。学生是成长中的人，虽未成年，但他们与成年人一样，拥有人格尊严，需要脸面。“爱面子”是他们的重要心理特征。惩戒过当，让他们丢失了面子，失去了尊严，就是严重伤害。

破解策略

教育家马卡连柯指出：“正确地和有目的地使用惩罚是非常重要的。但是笨拙的、不合理的、机械的惩罚使我们一切工作受损失。”教师所面对的是个性鲜明的学生，采用的教育方式必须因人而异，因时而变，既可以正面引导，也可以反面鞭策。著名特级教师魏书生让犯错误的学生写说明书，让迟到的同学唱一首歌，就不失为好的惩戒。说它好，是因为这样的惩戒，是文明的，科学的，学生也完全能够接受。

有学生家长在博客中说："如今的独生子女完全以自我为中心，自以为是，自私自利。可悲的是，家长也'助纣为虐'，遇到孩子一不顺心，就想方设法找学校的不足之处，结果导致孩子人格扭曲，目中无人。"

这位家长的说法可能有些夸张、绝对，但至少明白家长身上的责任。

在教育中对孩子进行适当的惩戒绝无坏处，尤其对那些十分顽皮的孩子，适当惩戒比苦口婆心来得更有效，更能触动孩子，使其反省。

适当的惩戒，教育所必需。学校教育如果缺了必要的惩戒，必然导致学生人格的异化。由于缺乏惩戒，不少在夸奖声中成长起来的学生，只知道自己应该享受的权利，却不知道自己应该承担的责任，只希望别人能够满足自己的需求，却不顾及社会公德，接受赞扬，拒绝批评，只要求别人尊重自己，不愿自己尊重他人。如此，学校和教师成了弱势群体，成了出气筒。学校正常的教学秩序可能被干扰，教师履行正常的职责可能被殴打、被辱骂，甚至被迫下岗。

教育需要惩戒，这是不言自明的道理。但是，目前我国还缺乏相应的制度规定，为一线教师的工作带来了巨大的麻烦。国家必须对教师在什么情况下可以惩戒，可以在多大程度上进行惩戒作出具体的规定。否则，教师左右为难。

韩国的做法就是很好的例子。在韩国，通过了一项名为"学校生活规定预示案"的方案。该方案规定，可进行体罚的情况包括：不听老师的反复训诫和指导，无端孤立同学，学习态度不端正，超过学校规定的罚分等；实施体罚的场所要避开其他学生，在有校监和生活指导教师在场的情况下进行；实施体罚之前要向学生讲清理由，并对学生的身体、精神状态进行检查，必要时可延期进行。方案甚至对实施体罚的工具也做了具体规定：对小学、初中生，用直径 1 厘米、长度不超过 50 厘米的木棍；对高中生，木棍直径可在 1.5 厘米左右，长度不超过 60 厘米。但教师绝对不能用手或脚直接对学生进行体罚。关于体罚的部位，男生只能打臀部，女生只能打大腿部；实施体罚时，初高中生不超过 10 下，小学生不超过 5 下，程度以不在学生身体上留下伤痕为准，受罚学生有权提出以其他方式（如校内义务劳动）代替体罚。

虽然只涉及体罚，但其他形式的惩戒，也可参照。

失当的惩戒，对学生心灵是一种伤害，会严重影响学生的健康成长。但不可否认的是，教师在平时的工作中，惩戒又是不可避免的。尤其是当我们把惩戒作为完整教育一部分的时候，该怎样使用这把双刃剑？

（1）最好的办法就是尽量不用或少用。特别是刚接手新班时，最好不要在和学生不熟时就动用惩戒手段，要先与学生沟通、交心，学生把老师当朋友之后，一般的惩戒方式都不会有问题。惩戒不是体罚，是在关爱的基础上，使用适度的处罚，来引起学生思想和行为上的警觉，促其进行自我教育。其出发点不是为了让学生产生痛苦和耻辱，而是为了让学生更好地成长。

（2）建立惩戒超市，让学生自己选择。教师可以从需要出发，制定诸如罚站、讲故事等多种类型的惩戒形式，供学生选择，让学生主动选择。因为是主动选择的惩戒，学生比较能够接受。

（3）能力替代。学生犯了错误必须受惩戒时，可以采取能力替代的方式，以跑步、跳舞、写作等弥补自己的错误。这是一举两得的办法。

教师只会机械灌输，怎么办？

曾经，灌输被视为道德教育的重要方式方法，甚至被奉为圭臬。在一些教师的心目中，灌输成了万能方法。不少教师只会机械灌输，而无德育艺术。

德育难题

道德教育中的灌输，我们有着一套比较完整的“体系”。

依据：学生的世界观和人生观正处在形成的阶段，他们没有主见，可塑性比较大。他们知识的储备不足，还达不到足以产生独立的思想和见解的程度。这时，他们对知识迫切地渴求，成熟的观点和理论的灌输，可以为他们打好基础。

现在的学生，尽管思想敏锐，但年龄和阅历的限制，使它们缺乏基本知识的积累，无法去思考、探索。因此，灌输必要的知识和观点，并不束缚学生的思考，也不与思考对立，而是正确思考的前提和基础。

方法：灌输不能随意滥用，而是有讲究的。同样的内容，采用不同的方法灌输，效果完全不一样的。灌输也要着力于启发与说服，引导学生提出问题、思考问题和解决问题。要想方设法与学生沟通，与学生感情融和，使学生情愿接受而有获得感。

要根据学生的特点，循序渐进地进行灌输。要知道，不顾学生的特点和接受能力，企图一口吃成个大胖子，一次就把所要灌输的思想一股脑儿灌输给学生，这只能是一厢情愿的想法，不切实际。

现实：在我们的道德教育中，一向都把灌输作为常见常用的方法。不论是传统的照本宣科，还是现代的多媒体教学，灌输都是基本的方法。总以为凡是正确的东西，灌输不至于走样，灌输更能保证正面的知识、观点直接到达学生的心田。

问题诊断

德育课上，教师的初衷是好的，希望学生接受德育知识，形成良好品德。问题在于机械灌输的方式不对头。

灌输的本义是把流水引导到需要水分的地方，或输送思想、知识等。教育中，“灌输”这个词，指的是教师把所要教的内容像灌水一样传输给学生。学生呢，只能像储水罐一样接受，没有任何主动性、积极性可言。

灌输的方式，首先假定存在着正确的且是唯一正确的教学内容，需要把它传递给学生。而且，为了保证传输过程中不出现流失或“走样”现象，要求接受者像容器那样，只能被动接受、储存。德育课上的灌输，作为接受者的学生，只能被动地进行接受，等待着传输者将教学内容传输完，不能有异议。

在我国的德育课教学中，灌输的方式运用得比较普遍，原因比较复杂，主要有以下几方面：

（1）传统观念根深蒂固。重视德育是我们一贯的传统。只要看看我们的教育方针就可见一斑：“我们的教育应该使受教育者在德、智、体、美、劳诸方面都得到发展，成为有社会主义觉悟的、有文化的劳动者。”“教育必须为社会主义现代化建设服务，教育必须与生产劳动相结合，培养德、智、体、美、劳全面发展的社会主义事业的建设者和接班人。”

由此可见，德育的地位比较突出。另一方面，如何进行德育，怎样培养青少年一代高尚的品德，却一直都是我们工作中的软肋，研究不够，没能拿出管用的方式方法来指导实践。自然，硬灌就被推崇。于是，在课堂上，我们直接把自以为正确的道德观念灌输给学生。以为这样做，学生就真的全部接受了，并且可以化为行动。实际的结果，却并不如意。

（2）错误效率观的误导。长期以来，我们的效率观是存在问题的。问题之一就是关注教师，忽略学生。老师们看一堂德育课，看教学成功还是失败，主要关注的是教师：教师的设计，教师组织课堂教学的情况，学生配合的情况……很明显，教师才是关注的焦点，学生则只是配角。我们认为只要教师课堂设计新颖，灌输得适量，掌控课堂的能力又比较强，就是成功的课，高效率的课；否则，便认为课不成功，教学效率不高。

在很多教师的心目中，灌输式德育是最佳选择，灌输式的德育非常有效。但我们仔细一思考，就可以发现，它基本上没有考虑学生的接受情况（学生是否愿意接受，接受了什么，以及接受后的内化情况等），只是在一厢情愿地论述“必须”。即基本上只考虑如何“灌”，严重忽视了如何“受”。以为“灌”了，学生就一定“受”了；而且，“灌”得越多，学生“受”得就越多，教学效果就一定好。

（3）检测难。德育课教学的效果难检测，也是不可忽视的因素。一是因为教学内容本身的模糊性，使精确的检测成为不可能。二是效果的滞后性。

“灌”的结果，只能检测到学生接受了多少道德知识，至于接受了的知识能否转化为学生的道德情感、道德行为，就根本检测不到了。

道德情感的产生不是一蹴而就的，而是一个过程，短时间内难以检测。道德行为则更不是灌输的现场能够检测到的。对德育教学而言，最容易检测的，就是知识。于是，就把知识灌输作为主要抓手，以便产生立竿见影的效果。

课堂上的机械灌输，学生不欢迎，教学效果差。而且，灌输的恶果就是：剥夺了学生思考的权利，让学生只能简单接受单一化的知识。

破解策略

机械灌输，学生完全处于被动接受地位，学习积极性受压抑，学习的效果自然就不理想。

要改变这种状况，转变观念固然重要，更重要的是教育实践的转变。

（1）营造良好的对话环境。走出机械灌输的最好方式，就是对话。师生对话，生生对话，与文本对话，在对话中展露自己的心怀，对话中倾吐自己的思想。

下面是窦桂梅老师《圆明园的毁灭》一课教学结束时的精彩片段：

师：给自己掌声，为自己喝彩。（生鼓掌）但遗憾是，历史不能假设。请读下面的词条——

生：圆明园是皇帝享用的。当圆明园被烧，咸丰皇帝无奈，只好带着慈禧等仓皇逃跑了。

生：焚毁圆明园的前几天，英法联军列队入城，清军士兵夹道跪拜。英法联军两次洗劫圆明园。军阀混战时期，一军阀又进行了洗劫，圆明园最后只剩些残垣断壁。据说，中国人龚橙——著名诗人龚自珍的儿子是火烧圆明园的帮凶，是他带的路。

师：当我们的思维视角停留在一个方面的时候，我们的思考就会停止。刚才的体验只是让我们正视一下历史。读了上面的词条，现在，再读“圆明园”这三个字的时候，难道你心中仅仅是自豪和愤怒吗？

生：说不出来的滋味。

生：我悲愤！义愤的是我们自己的少数人怎么会这样！我的心里好像被插了几刀，很难过。

师：我看到同学们的表情很复杂，正如刚才同学说的，心中的滋味复杂了。学习一篇课文，最重要是要打开思路、学会思考。

现在就要离开圆明园了。那么，请闭上眼睛，课前你眼前出现的是废墟，是火焰，那么，现在，你的心中，圆明园仅是废墟、是火焰吗？圆明园在你心中是什么形象？

（学生思考后回答。）

生：圆明园是我们的耻辱。

生：我认为是中国人民的警示牌……

师：圆明园的大火早已熄灭，可是我们思考的脚步不能停止。有着五千年文明的中国为什么会被几千个强盗杀到京城？圆明园烧掉的究竟是什么？毁灭的究竟是什么？永远也毁灭不了的是什么？——也许今天的学习只是给同学们打开了一扇小小的门，希望大家从这扇门出发，怀着更多的思考走向未来的人生。这才是这两节课的学习的真正目的。

通常，有关火烧圆明园的教学，一般都是激发学生对圆明园的爱，对侵略者的恨。但是，窦桂梅老师走出了这一思路，让学生通过观看播放的资料，体验当年圆明园被毁时的情景，体验被毁时内心的伤痛，从而使学生产生复杂的情感：有爱、有恨、有义愤、有遗憾……老师并没有把自己的价值观强行灌输给学生，而是通过引入词条，让学生在前面教学中产生的爱与恨的情感基础上，对一部分中国人产生了义愤。尤其是她的最后那一段话，引人深思，启发学生深刻思考。妙就妙在老师想说的话并没有直接说出，而是让学生在深入地思考中去体味。

在这里，教师不是不作为，而是静静地作为，为学生的思考与对话创造有利的条件。窦桂梅老师把皇帝逃跑，清兵跪地迎接侵略者，军阀洗劫，名人后裔带路等文字呈现给了学生，让学生在看到这些文字之后，自然产生一种义愤的情绪，从而进行深入对话。

（2）课堂活动。活动是学生在实践中形成良好道德品质的重要方式，可以把学到的道德知识运用到实践中，并在活动中形成一定的道德情感，从而转化为学生的道德行为。德育与现实生活密切相关，在德育课堂上，教师可以引领学生密切联系社会生活、校园生活的实际，开展一些有益的活动。

进行辩论，是有效活动方式之一。“能否带手机进课堂”“考试舞弊之我见”“老人摔倒该不该扶”……这些道德辩题，都可以组织学生进行充分辩论。当然，以上辩题也可以写成文章，让学生畅谈自己的看法。

情境表演也是重要的活动方式。教师可以引导学生把课文中的相关内容改变成课本剧，让学生进行现场表演，在情境中体验道德情感。

（3）课外活动。开展课外活动也是学生接受道德教育，形成良好道德品质的有效途径。一些学校在这方面下了大功夫，取得了不错的成果。例如吉林市龙潭区杨木学校“让蓝丝带飘起来”的活动，就取得了良好的效果。学校本着“奉献、友爱、互助、进步”的志愿服务精神，成立了志愿服务小团队，积极开展“让蓝丝带飘起来”的活动，增强了学生“自觉爱护环境，节约资源”的主人翁意识，激发起学生“爱家、爱校、爱家乡”的道德情感，培养了学生敢于实践、蓬勃向上的进取精神，为构筑学校整体德育体系打下了坚实的基础。

活动开展后，学生的环保意识增强了，校园、家庭和社区环境得到了改善。

学校大门打开了，简单灌输不见了，德育的效果更显著了。

学科教学忽视德育，怎么办？

学科教学是学校实施教育的重要渠道，是学生优秀道德品质形成的重要途径。学校教育中，各门学科教学都负有对学生进行德行教育的责任，推卸了就是没有尽到责任。但是，在现实中，重智轻德的现象严重。一些教师的课堂上，学科教学中渗透德育成了空话。

德育难题

学科教学渗透德育，培养全面发展的人才，是学校教育的一贯传统。曾几何时，这是我们教育成功的一大法宝。

近年来，智育的地位飙升，德育的地位陡然降低，在学科教学中，沦落到可有可无的地步了。

学科教学中，德育不被重视，体现在知识传授与能力培养占据了整个课堂。很多教师教学时，整堂课都是知识传授和能力的培养，虽然有的内容直接涉及道德品质问题，却被无视了。例如人教版初中语文八年级上册有一篇课文《信客》，作者为余秋雨。课文讲述的是江浙一带旧社会的特殊职业信客，专门替在外打拼的人员传递信件，代送物件。课文突出的是诚信与尽责，委屈与大度。但是一些老师在教授这篇课文时，会把如何阅读这篇课文，怎样理解两代信客的形象作为教学的重点，却很少提到两代信客身上的优秀品质、高尚德行。本来，只要顺便提及即可，不需要特意进行道德品质教育。因为学生了解了两代信客的优秀品德，也就基本上懂得了优良品质对从事这一行业的重要性。这么重要的资源都被错过了。

语文是进行思想品德教育的最为重要的课程之一，语文课上都忽略了，自然学科就更不用说了。

一些老师不认为自然学科也可以对学生进行道德教育。他们没想到，作为学校教育课程的各门自然学科，在教授过程中，是一定可以产生人文价值的，一定蕴含着人的情感、人的价值观等。例如在教授作用力与反作用力时，如果以一人在车上不小心撞到了另一个人为例，说明作用力与反作用力是怎么一回事，有的同学会认为撞人者不必道歉。因为撞人是相互的，被撞者也撞了人，谁也不欠谁。其实，这当中包含着撞人者的思想品德，并不是纯粹的物理现象。教学中如果仅以物理现象来解释，就严重忽视了它的德育因素。

问题诊断

学科教学中，各有本学科的具体目标，各有自身的育人任务，但不管哪一门学科，所面对的都是整体的学生，他们在学科课堂上所学习的内容包含着一定程度的德育成分。即便是理科的学习，也毫不例外。也就是说，学科都蕴含着德育内容。但是，现实告诉我们：学科教学中存在着忽视德育的现象。为何？

（1）“智”的教育见效快，“德”的教育见效慢。学科内容的教学，可以立即给学生以实实在在的知识，可以让学生在考试中得高分。而实际上，学科教学不可能与德育内容彻底决裂，或多或少总是与德育内容有着千丝万缕的联系。例如，实事求是和尊重自然规律是最基本的科学态度，也是小学科学教学中要重点培养的。结合教材，开展观察实验、动手操作等活动是培养学生科学态度的重要途径。在观察事物或现象时，教师应要求按科学程序进行，先整体再局部或先局部再整体，由表及里；月相观察、养植物、养蚕等必须长期进行观察时，教师应指导学生坚持按时观察，及时记录，定期汇总，以便分析研究。而在实验当中，教师应要求学生按照步骤动手操作，如实记录实验结果。这样的教学，就不是纯粹的科学教学，也是培养学生科学态度的教学。

至于文科教学，德育的内容就更普遍了。

重智轻德的教学，忽视了学科德育因素的存在，或者一带而过。实际上，有些时候只要点拨一下，就可以让学生得到很大的收获，有的老师竟止步不前，让人遗憾；有的时候只要充分展开过程，就可以让学生体会到道德品质的巨大影响，有的老师竟偷工减料，无视学生的成长需求。

（2）德育妨碍论。学科教学中的德育妨碍论认为，各门学科各有专责，对学生进行思想品德教育，不需要其他学科的介入，其他学科介入是多管闲事，会妨碍本学科任务的完成。

有这样的担心，根本原因在于对学科教学渗透德育缺乏根本的认识。他们没有认识到，学科渗透德育并不需要老师在课堂上特意空出一点时间来专门进行道德教育，只要真正把课程教学落到实处，德育就在其中。“随风潜入夜，润物细无声。”春雨来了，只要“物”有需要，滋润就是很自然的。自然科学教学，尤其是中学的理、化、生的教学，该观察的让学生仔细观察，该细致深入的就细致深入。在这个过程中，学生自然接受了科学态度的教育，还需要再划出时间去画蛇添足地进行所谓德育吗？

实际上，真正好的、成功的学科教学，“智”与“德”相互促进，两不误，双赢。

（3）教师认识上的原因。有的学科教师，在认识上存在着本位主义思想，认为德育是思想政治课老师的事情，与自己无关。可以说，在现实中此类教师并不少，而是数量庞大。他们时刻牢记的是自己那一亩三分田有多少收获，从来不关注其他。

教师们之所以产生这样的认识，是因为没有从育人的视角思考问题，他们所关注的是学科教学，而不是学生的成长。关注点的不同，根源是教育观的差异：以学科为本还是以人为本。

以学科为本，关注的是学科知识的传授、能力的培养等，以人为本注重的则是作为人的学生的存在与发展。而实际上，只要一切以人为本，以学生的发展为本，所有问题都可迎刃而解。

破解策略

要走出学科教学忽视德育的困境，需要站在为学生健康成长服务的立场上。

（1）任何一门学科的教学，都可以实施德育。根本原因在于，任何一门学科的教学，最终的目的都指向学生的成长。这是一个根本点。

理化教学，主要是引导学生掌握对客观世界进行探索的知识与本领，侧重的是科学探索态度与能力的培养。语文教学则是让学生通过学习与训练，掌握语文交际能力，围绕着语文交际能力的培养让学生受到思想品德方面的熏陶。数学，则是一门探究形数关系的课程，培养的是思维、分析、推理、抽象等能力……各门学科，都可结合本学科的特点进行德育。例如语文学科，几乎可以从各个视角让学生受到道德品质方面的熏陶。即便是考试命题，也可以渗透思想政治、道德品质方面的因素。例如有一份试卷就选择了这样一则材料：

范文正公仲淹贫悴，依睢阳朱氏家，常与一术者游。会术者病笃，使人呼文正而告曰："吾善炼水银为白金，吾儿幼，不足以付，今以付子。"即以其方与所成白金一斤封志，内文正怀中，文正方辞避，而术者气已绝。后十余年，文正为谏官，术者之子长，呼而告之曰："而父有神术，昔之死也，以汝尚幼，故俾我收之。今汝成立，当以还汝。"出其方并白金授之，封识宛然。

——选自《东轩笔录》

其中就设置了这样一个问题：联系文章内容，对范仲淹作简要评价。

这实际上就是要学生对范仲淹贫贱不移的人品进行理解与品味，让学生对范仲淹洁身自好、不贪财的高贵品质有所体悟。这样的阅读题，就不仅考查了学生对语段的理解与概括能力，还让学生受到了思想品德方面的教育。在他们的心目中，自然就会萌生应该向范仲淹看齐的想法。在他们的人生路上，遇到诱惑时，范仲淹的形象就可能浮现在脑海里，成为他们的榜样。

（2）任何一个教学环节都可以进行德育。任课教师要有德育意识，要把对学生进行德育当作自己分内之事。在教学的每一个环节中，教师要多留心，将德育融入其中。语文、历史、思想品德等课程，有着先天的优势，可以全方位地实施。例如布置语文课外阅读作业时，让学生阅读文学名著，就可以让学生在阅读中体验名著中人物的高尚与卑贱、善良与丑恶、成功与失败等各种境遇，从中受到熏陶。

教师行为失范，怎么办？

“教师是人类灵魂的工程师。”

“春蚕到死丝方尽，蜡炬成灰泪始干。”

“其身正，不令而行；其身不正，虽令不从。”

“太阳底下最光辉的职业。”

……

此类名言，我们几乎随处可见。

这是对教师这一职业的尊重与敬畏，也是对教师这一职业的严格要求。

德育难题

当然，对教师这一职业的赞誉，并不意味着教师这个群体已经很崇高了，相反，教师群体中存在着一些失范行为：

（1）没有任何正当理由不完成教育教学任务，或者拒不服从学校工作安排，造成了不良影响。有的教师常常因个人私事而请假，造成完不成教学任务。例如某小学教师，经常因家里的私事而缺课，结果教学任务都完不成。

（2）向学生家长索要或变相索要财物，或者接受学生家长馈赠的礼品、礼金、购物卡或有价证券。比如某学校教师在教师节时，公开向学生索要礼物，造成极坏的社会影响。

（3）私自向学生推销教辅书籍、杂志、报纸或其他商品，从中谋取利益。一些教师与私人书店联系，帮助推销教辅资料，要求学生只能在指定的书店购买，否则，给学生“穿小鞋”。

（4）从事有偿家教，在校外教育培训机构中兼职兼课；向校外教育培训机构或人员泄露学生个人或家庭信息，介绍学生参加培训。此类现象严重存在，否则，各地红红火火的教育培训班，生意不可能那么兴隆。它们的教师从何处来？很多学校教师在做着兼职。有不少无良教师甚至泄露学生信息来赚取好处费。

（5）招生、考试、评估考核、职称评聘、教科研等工作中弄虚作假、营私舞弊。比如论文造假，直接从网上下载论文，改单位，改姓名，论文就变成自己的了。又如课题造假，现在是课题满天飞的时代，人人搞课题，人人搞教研，造成了中小学教研的虚假繁荣。所以，有人嘲笑：中国是世界上中小学课题最多的国家。笔者以为，中国恐怕也是世界上课题最假的国家。

（6）歧视、挖苦、侮辱学生，并对学生造成一定程度的伤害；体罚或变相体罚学生，造成恶劣影响。体罚学生，造成严重社会影响的事件，曝光了诸多起，给学生的身心造成了严重的影响。

（7）参与赌博、封建迷信等与教师身份不符的活动。个别教师，甚至上班时间也偷偷溜出去赌博，影响了个人工作，也影响了个人及学校的形象。教师本是以传播现代文明为职业的群体，与封建迷信本来是绝缘的，不可思议的是一些教师竟然参与了封建迷信，在社会上造成了极坏的影响。

（8）一些教师拥有双重身份。一方面，身份是教师，一本正经，给学生良好印象；另一方面，只要能捞钱，什么事都敢干，在学校造成不良影响。

问题诊断

失范是指失去规范，违背规范。教师行为失范是指教师的行为违背了国家法律法规，违背了社会道德规范，违反了教师职业道德。

人们在赋予教师诸多崇高荣誉的时候，也赋予教师诸多的职业规范，希望教师成为全社会的榜样，成为孩子的楷模。

教师职业，工作对象都是未成年人，所以人们才对教师有那么高的期望，那么高的要求。

教师职业，直接影响未来，人们对未来有多少美好的期望，就赋予教师多少职业要求。

而教师如果失去了道德规范，做出了违背教师职业道德的事，对孩子的影响是巨大的。正是在这个意义上，教师身上一旦出了问题，社会上家长的反响就特别强烈，影响也特别大。

教师类似于社会公众人物，是人们所瞩目的对象。一旦公众人物身上出了问题，影响就是断崖式的，教师的社会形象会骤然下降。

正所谓期望越大，失望也就越大。

教师是学生直接仿效的对象，教师行为失范，对学生的影响是巨大的。

（1）大大损害了教师在学生心目中的形象。俗话说“亲其师，信其道”，学生所亲之师，并非随便选的，而是有所筛选的。师德高尚者，永远都是学生的首选。那些以自己的行为来损害自己形象的教师，学生虽然表面上尊敬，心底里却十分厌恶。试想想，一个经常向学生推荐教辅书籍，且指定了购买地点的教师，学生会怎么看待？实际上，此时的教师在学生的心目中的印象，就是一个字：贪。

教师的美好形象，需要自己树立。遵守国家法律，遵守职业道德，是教师的最根本的底线。这条底线绝对不能突破，不管你有多少条理由。一旦你突破了，行为就失范了，就意味着破坏了自己的形象。双重人格，连最基本的底线都没有，还谈什么树立美好形象？更不用说成为教师队伍中的优秀者了。

（2）对学生产生不良影响。教育工作的最大特点，就在于教育工作的对象是未成年人，所以国家、社会、家长对教师的要求高于其他行业。学生作为未成年人，模仿性强，可塑性也非常强。当他们面对行为失范的老师的时候，心里会有怎样的反应？有的人，可能就会直接模仿老师的坏习惯，坏做法。

教师对学生的影响，不仅是传播科学知识和文化，还在于人格的感召。教师高尚的人格，对学生而言，本身就是优秀的教育资源，某些情况下，它对学生道德品质的影响，要超过简单的知识传授。中国古人所说的“一日为师，终身为父”，更多的是指教师人格上值得尊敬，值得敬佩，所以要像对待父亲一样。

有些教师之所以会突破底线，主要是因为：

（1）受社会影响。人都是生活在当下，生活在现实中的，当下社会中的一些不良风气，很容易影响教师。赌博、失信、弄虚作假、金钱至上……这些社会中存在的现象，对教师都会产生影响。教师虽然生活和工作在校园里，但他们毕竟不是圣人，也是食人间烟火的普通人，他们有喜怒哀乐，有七情六欲，这就难免会受到社会上那些不良现象的影响。

（2）自身拒不良影响能力差。学校教师是一支庞大的队伍，我们仔细深入观察，就可以发现，尽管教师中存在行为失范现象，但毕竟只涉及其中一小部分人。为什么其他人不受影响呢？生活在同一个时代，同样的环境，那些“下水”了的老师，基本上都是因为自身的原因。有的人，抵抗不了社会的诱惑，看到别人私自补课挣钱了，眼睛就红了，自己也办起了补习班；看到别人天天在赌场上呼风唤雨，自己也慢慢上路了；看见他人在职称评审中弄虚作假，自己也要如此……

外因是变化的条件，内因是变化的根本，外因要通过内因起作用。教师自身原因是主因。

破解策略

“成也萧何，败也萧何。”教师的形象，靠自己树立，也由自己毁坏，但毁形象容易树形象难。

教师行为失范，令人大跌眼镜，失去的是自己在学生中的模范作用，失去的是学生对自己的敬重，失去的是学校、社会对自己的信任。一名优秀教师，不仅仅专业素养高，还具有高尚的人格。

教师行为不失范，需要教师本人的努力。政府和教育行政部门，都制定了一系列的规章制度，要求教师要严格自律，不能违背。2008 年，教育部公布的《中小学教师职业道德规范》中规定："为人师表。坚守高尚情操，知荣明耻，严于律己，以身作则。衣着得体，语言规范，举止文明。关心集体，团结协作，尊重同事，尊重家长。作风正派，廉洁奉公。自觉抵制有偿家教，不利用职务之便谋取私利。"这是教师工作的基本道德规范。教师可以对照这些规范，看看自己的行为是否违背了。

一线教师要使自己的行为不失范，需要从下列几方面作出努力：

（1）从小事做起。教师职业是普通的职业，教师岗位是普通劳动者的岗位。教师不是什么大人物，教师的所有工作都是琐细的，都是一件一件的小事。把这些小事认真做好，就是学生最好的榜样。例如教学工作，教师认真备好了课，上好了课，辅导好了学生，批改好了作业，就是尽职尽责。这是教师的立身之本。

有的教师，本职工作不认真，一心想着给学生补课，收取学生的补课费。重要的内容课堂上不讲，留到补课时再讲。这就不是称职的表现，而是败坏职业道德的表现。

（2）坚守规范。坚守教师职业规范，是教师的天职。当然坚守不能靠嘴上说，而要表现在行动上。

（3）要经得起诱惑。当今的社会，诱惑特别多。一些教师经不起诱惑。社会上流行的金钱至上观念，让一些教师蠢蠢欲动。这个时候，就需要教师站在职业道德的立场上，克制自己，金钱面前不失范。例如，有的教师看到其他教师办补习班挣了钱，心理就难以平静，也办起了补习班；看到别人开办麻将馆，自己也租个房子办了起来；听说有人向学生推销教辅书籍，自己也跟着干起来……

浮躁的时代需要的是坚守。当大家都在浮躁，都在忙着挣钱的时候，能否守住底线，这是对教师的考验。挡不住诱惑的时候，底线就崩溃了，行为就失范了。

（4）提升自我。在守底线不失范的基础上，还需要教师在专业上努力提升自我，否则，失范的事情还可能发生。努力提升自我素养，才可以抵御诱惑，坚守底线。

管理行为失范，怎么办?

学校管理，是指对学校人、财、物进行配置，以保证学校各项工作的顺利开展。

学校管理是学校的核心工作。好的、科学有效的管理对学校的发展至关重要。而失范的学校管理，对学校的负面影响是全面的、深刻的。

德育难题

学校办学行为失范，是当前学校教育管理中一个敏感的问题，早已引起了全社会的广泛关注。这些行为，或直接或间接影响到了学生品德的形成。

（1）乱收费。对学校收费行为，各级政府相关部门，都有明确的规定。但是，学校为了创收，大打擦边球，暗中以各种名义收费的情况还是存在的。

（2）违规补课。尽管教育行政部门采取多种形式对学校违规补课行为，进行明察暗访，发现一起，查处一起，但是学校集体补课现象还是屡屡发生，严重影响了学生的休息时间。尤其是周末补课，让学生本来可以休息的日子，也变得繁忙了。

（3）公开造假。为应对上级部门的检查，学校动员一切力量进行造假。例如，为迎接检查，临时突击排出假课表。检查组一来，全部课表都得撤换。造假的，还不仅仅是课表，还有其他一些东西，如台账、各种功能室的设置……这些，学生可以看得见的。

尤其是在一些大型检查评估工作中，为了保证通过，个别地方的个别学校，甚至还出现了借学生、借图书资料、借老师的情况。

（4）说假话。为了上级检查的过关，学校领导、班主任乃至任课教师，都告知学生，万一检察人员问到相关情况，应该怎样回答，不应该怎样回答，说的完全是假话。例如，如果问到学校有多少名老师，该怎样回答；问到每天上几节课时，又该怎样回答。

（5）抢生源。这是高中和一部分初中，乃至一部分小学的做法。在国外，这是匪夷所思的行为。抢生源就是抢优质生源，抢学习成绩好的学生。

抢生源的手段五花八门：

①扣准考证。吴某就读于某中学，中考成绩出来后，吴某的母亲曹女士查询到女儿中考考了高分后，很高兴，准备让女儿报考另外一所中学。但是，女儿的准考证被学校扣压了。曹女士说，她带着女儿到学校索要准考证时，还遭到了学校方工作人员的殴打，公安部门介入了调查。

②承诺优惠条件。最常见的优惠条件是：中考成绩在多少名之内，全部免除各种费用；在多少名之内，免除部分费用。其次是，提供住宿，且答应安排陪读人员在学校内当勤杂人员……

③抢生源最极端的手段就是高价买高分学生。学校现派出教师，暗中了解周边学校学生的中考成绩，一旦发现中考状元，就实施软磨硬泡的购买行为。价格高低不等，从几万到十来万都有。

办学方向的失范，这是最严重的失范，影响是全局性质的。

问题诊断

学校管理，是为学校发展服务的，更直接地说，是为学生的健康发展服务的。脱离了这一根本宗旨，应该说任何管理，都是失范的。

管理一失范，就可能引起整个学校工作的失范。从这个意义上来说，学校内部的失范，没有什么比管理失范更严重的了。

学校管理失范，是很多原因造成的。

（1）脱离实际的宏观管理。实际上，任何一所学校都不愿意自己的管理脱离规范。学校之所以管理失范，一个很重要的原因就是：脱离实际的各种评估。

评估，本是为了推进工作所采取的措施。科学的评估，可以为学校工作指明方向，提供一个基本的管理框架，可以为学校管理工作查漏补缺，对学校管理是非常有益的。问题是，目前的一些评估检查，指标过细，要求过高。有的评估指标，把一项完整的工作分成若干细小的要素，进行分项评估，这是现代科学管理思想指导下的产物。其实，利于评估不一定利于工作的开展。过细的分项评估，只会使学校工作失调。过高的要求，所造成的直接结果，就是造假，说假话。例如“普九”评估，当年要求过高，一些学校学生人数达不到要求，就只好从别的学校借学生；图书数量不足，也只好从别的学校借图书；在辍学、借读、转学方面做手脚，也是不争的事实。

如果评估指标从实际出发，又略高于实际，学校也就没有作假的必要了。

（2）学校自身管理思想的问题。有的学校，为了追求高目标，为了在众多同行学校中“脱颖而出”，成为行业领先者，不从学校实际出发，擅自提高标准，其他学校就必须以此为新的标准实施管理。例如，有一所学校为了在学校仪器装备中得到领导的肯定，竟然给实验室和仪器室的地面铺上了塑料地板。本来评估指标上没有这样的规定，评估者一看，觉得这样做效果很好，此后的所有评估就都按照这一标准来要求，地面不铺塑料地板的，就不合格。当然，这是20多年前的事了。那个时候，学校经费短缺，实验室和仪器室铺塑料地板是超前的要求。而实际上，那个时代实验室和仪器室铺不铺塑料地板，对教学实验的进行与仪器管理工作的质量影响不大。

现实社会中，存在着一种脱离实际，为工作而工作，为检查而检查的现象。这里所指的实际，就是学生健康成长的实际。有的教育管理部门，在制定检查标准的时候，主要不是从工作的实际需要出发，而是从检查的需要出发，坐在办公室里，在严重脱离实际的情况下制定标准。这样的标准，对于促进实际工作，效果并不理想，只对检查及检查后的排名次起作用。学校为了在评估检查中得到好的名次，就自然会在迎检过程中，按照检查指标的要求去“制作”迎检资料。

这种为检查而检查，为评估而评估的做法，背离了学校管理工作的根本宗旨，把学校管理工作引向了非正常轨道。

（3）管评不分。目前的学校管理与学校工作评估，主体都是学校的上级教育行政部门。管理部门就是评估部门，管、评不分。运动员与裁判员，都是同一主体。

这样的管评机制，虽然对教育工作的推进起了一定的作用，但管评不分，造成学校管理工作弄虚作假。评估结果，由教育行政部门直接掌握，给学校造成的影响就是：千万不能给上级领导留下不好的印象，学校工作只能好，不能差。问题是，这里的所谓好，就是完全吻合那些不切合实际工作需要的指标；所谓的差，就是不完全符合评估指标。并且，评估的结果，直接与学校的评先评优挂钩。学校不作假，就得不到更多的直接利益。

（4）社会风气的影响。形式主义、官僚主义等不良风气对学校管理工作的影响，不言而喻。

学校管理工作的失范，对学生品德的形成，其负面影响是客观存在的，也是潜移默化的。

（1）暗示学生弄虚作假。一方面，我们要求学生诚实做人，踏实做事。另一方面，我们更在教学生作假。学校大规模造假，甚至直接安排学生说假话，对学生的影响是深刻的，也是长远的。

陶行知先生说：“千教万教教人求真，千学万学学做真人。”我们都在要求学生求真，要学会诚实做人，以真心面对社会，面对他人。可是，当学校为了评估检查的过关，而让学生造假，说假话的时候，学生不对学校，不对教师产生质疑才怪，还能指望学生形成良好的品德？

（2）对学校工作本身不利。为了应付评估检查而开展工作，与学校实际的管理工作，在一定程度上脱节。

现在的学校评估工作，学校的态度就是两个字：应付。为了应付评估，最为重要的工作就是“做”资料。已有的，继续完善；没有的，重新补做。评估者一般也只看材料，很少关注学校管理工作的实际情况。

可见，这样的评估，对学校管理工作，是一种错误的引导，把学校管理工作引向了弄虚作假的邪道。

（3）破坏了学校形象。违规举办补习班、滥收费、抢生源等，都会造成极坏的社会影响。

学校管理层的造假，为学生创造了不良的成长环境，就是在误导学生。

破解策略

学校管理失范，这是学校中仅次于安全问题的大事，其所造成的影响是全局性的、根本性的。

优良的学校环境，对学生优良品德的形成是极为有利的，而管理严重失范的学校环境，对学生道德品质的形成是有害的。

学校应该创造优良的大环境，为学生的健康成长服务。

（1）坚持学生本位思想。树立以人为本的教育理念，是学校管理的首要工作。

以学生为本，就是把学生生动活泼的生活和学习，作为学校管理工作的头等大事，作为日常管理工作最为重要的内容。因为只有在良好的生活和学习环境中，学生的优良品德才有形成的可能。

学校管理工作失范，把学生的快乐学习和健康成长晾在一边，走了一条偏路，严重偏离了正常的轨道。比如为创收而补课，严重占用了学生大量的休息时间，远离了学生快乐生活、健康成长的根本宗旨。

而以学生为本，就是要把学生装在心里，把学生的健康成长作为管理工作的首要任务和工作核心。这样就能把其他与此无关或关系不大的“工作”阻挡在大门之外，使学校正常的工作不受干扰。

（2）提升校长素养。校长作为学校的掌门人、核心人物，再怎样强调其对学校的影响都不过分。可以说，学校管理失范，直接与校长有关。

有一个什么样的校长，就有一所什么样的学校。校长的素养，直接关系到一所学校的存在与发展。

提升校长素养，可以整体提升学校管理水平。管理失范，其实质就是管理水平不高。素养高的校长，能够正确认识到评估与学校发展的关系。他们懂得怎样的评估才能促进学校发展，懂得怎样的管理才能促进学校的发展，而不会盲目地、随意地作决策。

高素养的校长，能够正确认识学校工作的根本宗旨，不会为了其他方面的工作而忘记了把学生发展作为学校工作的首要任务。

加强学习，加强修养，是校长提升素养的重要途径。校长孤陋寡闻，粗俗庸俗，学校管理就只能在低水平上滑行。现在的一些校长，架子比能力大，酒量比水平高，眼睛向上，自我中心，刚愎自用，学校管理严重失范，一所好好的学校，一两年就被搞垮，然后拍拍屁股走人。

增强责任感，提升管理能力，是校长提升素养的核心。责任感，是校长实施学校管理的重要动力。一个缺乏责任感的校长，并不会把自己的工作与学校发展联系在一起，只是就事论事，只顾眼前。而一个责任感强的校长，一定会时刻把学校的发展，把学生的成长放在心上。管理能力，是校长实施学校管理的重要保证。学校管理能力强，就能够保证管理在正确的轨道上前行，且各项工作井井有条，稳步推进。

大局意识，也是校长素养的重要内核。有了大局意识，校长就能在工作实践中，抓中心工作的同时，使各项工作平衡推进。

有思想，这是一位高素质校长的重要标志。目前的很多校长，就是因为没有自己的办学思想，没有自己的办学主张，在办学过程中只能左顾右盼，见风使舵，盲目前行。思想来自实践，思想来自思考，肯学习、肯思考、敢负责又勇于实践的校长，才是好校长。

（3）上级部门大力支持。这里的支持，指的是从学校实际工作需要出发，从学校发展出发，进行教育管理，而不是从本本出发，从主观臆想出发，制定相关的管理规则、评估指标。教育管理部门要多做有利于学校管理，有利于学校发展的事。

以人为本不到位，怎么办？

以人为本，是当今时代社会发展的内在要求，它所凸显的是人的地位，人的存在与发展的客观要求。

学校的根本目的在于培养人，在于学生的健康成长。这是学校教育的最高目的与任务。学校的管理，应该是为了学生，为了一切学生，为了学生的一切。学校的德育工作，如果离开了人，脱离了学生，就远离了教育的根本宗旨。

德育难题

学校管理中的不以人为本，具体体现在：

（1）以分数为本。目前的学校管理中，分数的地位至高无上。中考、高考中，学生考试的分数，成了万众瞩目的焦点。中考、高考公布分数的日子，是学校最紧张、最焦急的日子。一旦分数公布，则几家欢乐几家愁。最通常的做法就是，考得好的学校，立即想方设法明确学生在全县、全市，乃至全省的排名。如果有幸，考出了“状元”，那更不得了，会运用各种方式进行宣传，学生的名字与分数将放在突出位置，且配以图片。个别的，还分别列出各科得分的情况。

分数是高中和大学录取的关键指标，除了少数自主招生的学校，一般只看分数，不看其他。分数的地位无比显赫。

德育课堂教学，也只看分数。

很多中小学的德育课堂上，只见知识的传授，不见感性的体验。就算是价值观的教育，也不过是价值观知识的授受而已。

德育工作的好与差，最终还是分数说了算。中小学的思想品德课，老师教得如何，学生学得怎样，最终都是看分数的高与低。学生考得好，就说明德育教学有成绩；学生考得差，就表明德育教学效果差。对学生思想品德方面的表现，分数仍然成了最终的裁定者。学生成了分数的代名词。人不见了，被分数淹没了。

量化管理，其实质就是把学生的在校表现，赋予一定的分值，再根据学生的实际表现，得出总分。分数高，说明学生表现好；分数低，说明学生表现差。例如做了一件好人好事，可以加多少分；相反，违纪一次，扣多少分。学生为分数而学习，挣分成了很多学生的目的。

（2）以知识为本。分数成了学校、家长、教师、学生关注的焦点，而分数的基础，在于所获取知识的质量与多少。

学校的教育教学，围绕着知识而进行，这本来不是什么问题。既然是学校教育，总要教给学生知识。现在的问题是，在我们的教育教学中，知识成了凌驾于学生之上的僵硬的东西，成了高于学生的东西。而且，随着时代的发展，新的知识不断涌现，知识不断琐碎化、碎片化，学生的学习负担越来越重。学习的过程中，学生成了知识的奴隶，为知识所套住、所压迫、所牵引。现在的学生，书包越来越重，学习的负担也越来越重。更为重要的是，知识的面貌，仍然不那么和蔼，不那么友好，仍是一副冷冰冰的面孔。即便是在德育课堂上，知识也成了主角。一些本来只能通过感悟，通过体验才能进行的教学，结果变成了让学生记忆的知识教学。

德育，是最需要体验、最需要感悟的课程，现在则成了知识的天下。

学校管理，管了分数，管了知识，而忽视了学生的存在与发展。

问题诊断

在学校教育中，应该以学生为本。学生是教育存在的根由，没有学生，也就没有教育。

以学生为本，就是以学生的整体存在、整体发展为本，就是以凸显学生的主体地位为本。

以学生为本，就是学校的整个工作要贯彻学生为本的原则，把学生的存在与发展作为工作的核心和目的。

以分数为本，以知识为本，造成了教育中学生主体地位的失守，造成了学生学习负担过重，造成了学生品德形成的无人监管和顺其自然。分数面前论英雄的时代，造成了“唯分数论”，学生成了分数的代名词，成了为分数而存在的冰冷的教育对象。更严重的是，德育也成了分数可以衡量的东西，80 分的德育与 90 分的德育，区别何在？

更为可怕的是，以分数论英雄，表面上看，体现了平等，体现了公平，但当丢失了人的时候，这样的平等，这样的公平，意义有多大？当前社会中，青少年身上存在的诸多问题，我们虽然不能说都与学校教育中只重分数有关，但至少有着逃脱不掉的责任。

以分数论英雄，强化的是分数，矮化的是人，是学生。

学校管理中，分数高高在上，学生地位低下。尤其是当学生成了分数的象征，成了分数的代名词的时候，还是学生吗？他们还是真实的人吗？

当学生变成了被分数控制的对象后，学校教育中还谈什么德育？

我们知道，学生的道德品质，是在教师指导下，自觉、主动形成的。也就是说，没有学生的自觉、积极和主动，品德的形成就不可能。用分数来控制学生，制约学生，学生完全成了被动的学习者、接受者，优良品德的形成，也就成了空话。

以知识为本，学生的主体地位没了，掌握知识成了教育的目的，成了学校管理所需要的。学生只会学得越来越苦，越来越累，学得越来越渺小。永远立不起一个像样的人来！

排除了人，赶走了人，我们的教育还剩下什么？一串分数，一堆知识。

为什么会这样？

（1）急功近利。教育抓什么，这不是一个小问题，也不是一个虚问题，而是一个具体的问题，一个影响教育和学校全局的问题。

中国人抓任何工作，都希望在短时间内看到成果，看到结果，都想立竿见影。分数、知识，都是可以立竿见影的东西，都是在短时间内可以看见成果的东西。相比较而言，“抓”人、“抓”学生，都比较虚，不那么实。所以，抓来抓去，还是抓“分数”、抓“知识”来得实在，来得实惠，短时间内能够看见业绩，看到成效。

（2）传统的惯性作用。中国人一向都有重视考试、重视分数的传统。古代的科举考试，虽然不同于今天的中高考，但看重考试结果的心理是相同的。所以，我们今天仍然把考试的分数看得比天大，比真实的个人更重要。

为了考试，古代学子皓首穷经，做的大都是记诵的事情，把经典记诵在心，就能够上考场。这与今天重知识的教学，何其相似。

（3）考评制度的影响。学校的考评制度，上级教育行政部门对学校的考评制度，表面上一条一条，非常详尽。但那些都是虚的，真正的考评指标，还是学生的考试成绩。哪所学校的学生考试成绩好，学校管理就好，相反，学校就没有管理好，教师的工作业绩就差。

破解策略

把学生遮蔽在分数之下，知识之下，德育缺乏了生机与活力，学生的成长也遇到了瓶颈，难以健康成长，尤其是优良品德的形成，遇到了巨大的坎。

要迈过这个坎，真正重视学生作为人的存在，学校教育还要作出更多、更大的调整。

（1）改革评标价体系。基础教育受到了以往评价体系的深刻影响。评价是一杆尺，一把衡量教育合格与否的标尺。在这把大尺的测量下，一些因素要被删除，另一些因素则被肯定。那些被肯定了的，就是合格的，就可以继续存在乃至被发扬光大；那些不合乎尺度的，在被删除之后，则永远没有存在的必要了。问题在于那些被肯定了的，继续实施的，就拥有永恒的价值？那些不合尺度的，就真的无价值？例如学生的思想品德，就因为处于隐蔽状态，难以被评估，而它恰恰是最为重要的教育内涵之一。

一些评估指标的赋分也存在随意性的问题。

至于评估主体的单一，那更是有目共睹的事情。以往的评估主体，主要是上级教育主管部门，走过场是其评估的基本态度，且注重材料与硬件。看得见的，就算是评估对象，看不见的，则一律不在评估之列。

《基础教育课程改革纲要（试行）》提出建立新的评价体系：

建立促进学生全面发展的评价体系。评价不仅要关注学生的学业成绩，而且要发现和发展学生多方面的潜能，了解学生发展中的需求，帮助学生认识自我，建立自信。发挥评价的教育功能，促进学生在原有水平上的发展。

建立促进教师不断提高的评价体系。强调教师对自己教学行为的分析与反思，建立以教师自评为主，校长、教师、学生、家长共同参与的评价制度，使教师从多种渠道获得信息，不断提高教学水平。

建立促进课程不断发展的评价体系。周期性地对学校课程执行的情况、课程实施中的问题进行分析评估，调整课程内容、改进教学管理，形成课程不断革新的机制。

十多年过去了，教育评估领域仍然“春风不度玉门关”，新的评价体系仍然还没有建立起来。尽管教育部还提出了第三方评估的计划，也仍然没有得到推行。看来，教育评估的改革，任重而道远。

（2）摆脱急功近利的心态。教育是慢功夫，是农业。这是一项基本的共识。可是，我们却一直用工业的方法来办教育，所以，目前的教育就把人赶出了教育的阵地，只剩下了分数和一系列僵硬的知识。

工业的特点是讲究规模，讲究效率。目前的学校教育就是这样：规模越来越大，而且唯恐不大。认为教育像工业一样，规模出效益。工业是最讲究效率和经济利益的。目前的教育，大家都希望在短期内看到效率。而这恰恰与人的成长背道而驰。因为人的成长是有自身规律的，是有“时”的，不能违背。一旦违背了这个“时”，就是对人的摧残或者淹没了人。

急功近利的教育，对那些需要长时间才能彰显其效果的因素，自然是排斥的，自然是“看不见”的，也自然是有意删除的。而且，越是与人相关的因素，就越难“可视化”，越难在短期内见效，不可能立竿见影。

以农业的范式办教育，这是教育本该有的“办”法。农业讲究“慢”，讲究顺应天时，不违背“农时”。这才是真正遵循人的成长发展规律来办教育。

走出急功近利的现状，需要耐心，需要等待花开的心态，而不是立竿见影的心理。

当前，我们处在一个浮躁的时代，很多人都以一种浮躁的心态来对待自己所从事的事业，难得静下心，沉下去，巴不得短时间内就能看到效果。从学校领导到一般教师，都需要有耐性、耐心，需要等待，需要修炼。